本书系岭南师范学院南海丝绸之路协同创新中心
"申氏家族史"项目成果

申友良 | 编著

申氏历史与名人

中国社会科学出版社

图书在版编目（CIP）数据

申氏历史与名人／申友良编著 . —北京：中国社会科学出版社，2016.3

ISBN 978 - 7 - 5161 - 6790 - 8

Ⅰ.①申… Ⅱ.①申… Ⅲ.①氏族谱系—中国②历史人物—列传—中国 Ⅳ.①K820.9 ②K820

中国版本图书馆 CIP 数据核字（2015）第 192183 号

出 版 人	赵剑英
选题策划	郭沂纹
责任编辑	宋燕鹏
特约编辑	石 田
责任校对	沈 旭
责任印制	李寡寡

出 版	中国社会科学出版社
社 址	北京鼓楼西大街甲 158 号
邮 编	100720
网 址	http://www.csspw.cn
发 行 部	010 - 84083685
门 市 部	010 - 84029450
经 销	新华书店及其他书店

印刷装订	三河市君旺印务有限公司
版 次	2016 年 3 月第 1 版
印 次	2016 年 3 月第 1 次印刷

开 本	710×1000 1/16
印 张	15.25
插 页	2
字 数	169 千字
定 价	56.00 元

凡购买中国社会科学出版社图书，如有质量问题请与本社营销中心联系调换
电话:010 - 84083683

《申氏历史与名人》编委会

编委会主任：申友良　　申　鸿　　申奉澈

编　　著：申友良

编委会成员：申友良　　申　鸿　　申奉澈　　申晓成

　　　　　　申南初　　申宏初　　申东宁　　申纪云

　　　　　　申建春　　申祺晶　　申冠林　　申树勇

　　　　　　申其刚　　申学杰　　申学明　　申学光

　　　　　　申震林　　申翰通　　申启五　　申伟业

　　　　　　申震林　　申林清　　申学良　　申灶安

　　　　　　申志钊　　申　添　　申卫锦

目　　录

自序 ……………………………………………………………（1）

第一章　申氏家族的历史变迁 ………………………………（1）

第一节　申氏姓氏的起源——炎帝的后裔 …………………（1）

一　第一世炎帝神农氏 …………………………………（5）

二　第二世炎帝临魁 ……………………………………（6）

三　第三世炎帝承 ………………………………………（7）

四　第四世炎帝明 ………………………………………（7）

五　第五世帝直 …………………………………………（8）

六　第六世帝来（釐）…………………………………（8）

七　第七世帝居（哀）…………………………………（8）

八　第八世榆罔 …………………………………………（9）

九　第九世帝器 …………………………………………（9）

十　第十世祝融 …………………………………………（9）

十一　第十一世术嚣 ……………………………………（10）

十二　第十二世勾龙 ……………………………………（10）

十三　第十三世共工 ……………………………………（10）

十四　第十四世伯夷 ……………………………………（11）

第二节　申氏家族的始祖——伯夷与叔齐 ………………（12）

一　夷齐让国 ······················· （13）

二　劝阻伐商 ······················· （13）

三　不食周粟 ······················· （14）

四　对伯夷、叔齐的评价 ··········· （14）

第三节　申氏家族的受封——西申国、东申国、

南申国与申吕国 ·············（20）

一　四申国在建国地域上的比较 ·········（20）

二　四申国在建国时间上的比较 ·········（24）

三　四申国在成因上的比较 ···········（25）

四　四申国在消亡过程上的比较 ·········（28）

第四节　申氏家族的繁衍——历代的迁徙之路 ·······（30）

一　先秦时期——申国的兴亡 ···········（30）

二　秦汉时期——"固始是第二故乡" ···········（33）

三　魏晋南北朝时期——三大郡望形成 ···········（33）

四　隋唐时期——迁至湖南、江西 ···········（33）

五　五代十国到两宋时期——继续南迁 ·········（34）

六　明朝——洪洞大槐树迁徙与"铁锅申"的

传说 ···················（34）

七　清朝——南迁台湾、东南亚及欧美等地；

北迁东北 ···············（45）

第二章　申氏历史名人（商代—战国） ·················（46）

一　西周时期3人：申伯　申侯　申氏女 ········（47）

二　春秋时期21人：申丰　申鸣　申繻　申无宇

申亥　申包胥　申舟　申犀　申蒯　申党

申枨　申须　申亚臣　　申公亚臣　　申公寿余

申徒兀　申叔仪　申叔时　申叔豫　申鲜虞

申徒嘉 ···················（51）

三　战国2人:申详　申不害 ·················· (94)

第三章　申氏历史名人(秦汉—南北朝) ·········· (108)
一　秦朝1人:申阳 ···················· (108)
二　两汉时期10人:申公　申朔　申挽　申章昌
申威　申屠嘉　申屠刚　申屠蟠　申屠朗
申鲜淢 ······················· (109)
三　三国时期2人:申耽　申仪 ·············· (125)
四　十六国时期1人:申香 ················· (127)
五　南北朝时期8人:申纂　申坦　申阐　申令孙
申恬(怙)　申徽　申康　申季历 ·········· (128)

第四章　申氏历史名人(唐代—元代) ············ (135)
一　唐朝7人:申丛　申堂构　申稷　申世宁
申泰芝　申屠玚　申屠思恭 ············ (135)
二　五代十国时期5人:申迅　申文炳　申渐高
申师厚　申屠令坚 ················· (139)
三　两宋时期6人:申积中　申颜　申元道
申世宁　申屠大防　申屠有涯 ··········· (142)
四　金朝1人:申乃因 ··················· (146)
五　元代6人:申荣　申氏(李弘益妻)　申屠衡
申屠致远　申屠澂(澄)　申屠珦 ·········· (146)

第五章　申氏历史名人(明代) ··············· (150)
明朝27人:申佐　申祐　申泰　申锡　申良
申纲　申纶　申相　申旞　申盘　申应聘
申时行　申用嘉　申用懋　申绍芳　申佳胤
申自然　申为宪　申克敬　申以孝　申湛然

申屠祺　申屠铎　申屠建　申屠迪　申屠祥

申甫 ……………………………………………（150）

第六章　申氏历史名人（清代） ………………（191）

　　一　清朝15人：申锡　申甫　申保　申氏（李天挺妻）
　　　　申颋　申蕙　申锡绶　申大年　申立功
　　　　申汝慧　申启贤　申涵光　申涵煜　申涵盼
　　　　申朝纪 ……………………………………（191）

　　二　申氏家族的状元进士谱 …………………（206）

第七章　申氏家族的文化传统 ………………（211）

　　一　申氏家族的主要郡望、主要堂号 …………（211）

　　二　申姓宗祠通用对联 …………………………（212）

　　三　申姓家谱文献 ………………………………（216）

　　四　申氏家族礼仪 ………………………………（218）

　　五　申姓家族字辈排行 …………………………（221）

特别鸣谢 ………………………………………（223）

后记 ……………………………………………（232）

自　序

　　申氏有着悠久的历史和引以为傲的传统，这是一个人才辈出的姓氏，也曾跻身于名门望族之列。然而由于人丁稀薄，且分散杂居，因此成员之间的联系日渐稀少，姓氏传统也在逐渐淹没、消失。因此，抢救和发掘申氏的文化传统显得非常的迫切和必要。本人不揣浅陋，自告奋勇地担当起这一光荣的使命，目的是想弘扬家族的光荣传统，彰显先辈的辉煌事迹，以激励后辈子孙们奋发图强，为申氏家族增光添彩，为社会做出更多更大的贡献。同时也提醒后世子孙不能数典忘祖。

　　申氏家族在二千八百多年的历史变迁中，先辈们历尽艰辛。至于在历代迁徙的过程中，到底发生了什么故事，历代的史书里是没有记载的，各支系的家谱里的记载又不可尽信。要想考证清楚，难度极大。至于古代的杰出人物，这个就简单多了，有《二十五史人名索引》作为依据，只要在正史上留名的，绝对是申氏的荣光。我用了三年半时间整理完成出来的这本书，面对申氏的列祖列宗们，我尽心尽力了。既然是第一部关于申氏历史人物研究的综合性成果，不管其有多少错漏，其开拓之功是不可磨灭的。当然，书中错漏之处还请各位宗亲们及相关研究的专家学者们不吝指教，以利于对申氏姓氏史的进一步研究。至于书中保留的一些文言文的片段或章节，这既是对历史原貌的保存，也是对历史现象的再现。

第一章

申氏家族的历史变迁

申姓是一个具有悠久历史的古老姓氏，其得姓大约是在二千八百年前的上古时期，是中国一个老资格的名门望族。申氏是当今中国姓氏排行第123位的姓氏，人口约176万余，占全国人口的0.11%。（又传说排名第188位，每千万人中有5349人。）百家姓排名第298位。

第一节　申氏姓氏的起源——炎帝的后裔

申，原为西戎的一支，最初住甘、陕之间。申国为姜姓，是远古炎帝神农氏的后裔，姜字由羊、女组成，由此可知是以农牧为主的母系氏族。炎帝子孙四岳部落活动在今河南嵩山地区，后来又发展为四个分支，即齐、吕、申、许。《诗经·大雅·崧高》曰："崧高维岳，骏极于天。维岳降神，生甫及申。"甫（即吕）是与申有近亲关系的部落，这两支部落逐步向南迁徙，发展成为两个小国。

"申"这个部落，以申为名，是对雷雨时天空闪电的崇拜。在甲骨文、金文中，"申"字都像闪电的回曲闪烁之形。古人缺乏科学知识，对自然界的现象有神秘感，看到闪电于天，即认为神之所为，便当做天神来崇拜，并作为自己的图腾、骄傲和自己部族的称号。对闪电为何不称电，因为神、申谐音互通，称做申，内含神义。由于信阳是古申伯国的所在地，信阳自汉代后就简称申。古代，申、信通用。可知今天信阳的信，也就是从申国传承下来的。

申氏作为一个古老的氏族，有着其悠久的历史，一直以来，人们都普遍关注着申氏的来源，它到底来源于何处？这个看似简单的问题，至今学术界的争论颇大，对于申氏的来源考究，大致有三种不同的说法：

（一）申氏出自姜姓。远古的时候炎帝神农氏出生于姜水而姓姜，他的子孙后裔传到上古周朝时，出现了一个叫申吕的，被周王封于谢（在今河南南阳市北），随后不久就建立了申国，他的子孙便以国名为姓氏，世代相传以申氏为姓。

（二）留在大河一带未迁走的伯夷、叔齐后裔渡过大河，移居陕西，称为西申，后称为申戎，又叫姜氏之戎。西周末年，曾联合犬戎攻周。后被秦所灭。其后人也以申为氏。

（三）炎帝后人吕封于申地，这个申地在今上海市一带，今黄浦江就叫申江（战国时楚公子春申君黄歇封于此地，申江改称春申江，这是后来的事了。），称为申吕。申吕建立申国，为伯爵，称申伯吕。后被楚所灭，后人以国为氏，也是申氏。

当然，关于申氏的起源，还有源于朝鲜族说，这是属于汉化改姓为氏；源于蒙古族说，这也是属于汉化改姓为氏；源于傈僳族说，这出自明朝云南永昌军民府同知申保，也是属于汉化改姓为氏；源于彝族说，出自彝族阿牛氏部落，也是属于汉化改姓为氏；源于满族说，也是属于汉化改姓为氏；源于其他少数民族说，都是属于汉化改姓为氏（今土家族、白族、京族、苗族、侗族、裕固族等少数民族中，均有申氏族人分布，其来源大多是在唐、宋、元、明、清时期中央政府推行的羁縻政策及改土归流运动中，少数族改为汉姓申氏，世代相传至今。）；如此这般的说法，这里就不再详细阐述。

其实，在后世的叙述中，多认为申氏来源于姜姓，是炎帝神农的后裔。《万姓统谱》卷90明确记载："申，商音，姜姓，炎帝之后。封于申，号申伯。以邑为氏。又望出丹阳。"姜姓作为古老的姓氏，有着古老的传说，《国语·晋语》载："昔少典娶于有蟜氏，生黄帝、炎帝。黄帝以姬水（今陕西武功县漆水河）成，炎帝以姜水（今陕西宝鸡市清姜河）成。成而异德，故黄帝为姬，炎帝为姜。二帝用师以相济也，异德之故也。"姜姓源于炎帝，因此申人也是炎帝的后裔。《国语·周语中》曾提到："齐、许、申、吕由大姜。"而且《毛诗正义·崧高篇》又注："尧之时姜氏为四伯，掌四岳之祀……历虞、夏、商，世有国土，周之甫也、申也、齐也、许也皆其苗裔。"二者均确指齐、许、申、吕源于姜姓。因此，申氏源于姜姓，出自炎帝有着一定的道理的。

姜姓来源于远古的炎帝神农氏，被许多文献如《元和姓纂》、《说文解字》、《新唐书》所记载。《水经注》云："岐水，又东迳姜氏城南，为姜水。"作为"三皇"之一的神农氏，出生于陕西岐山西南方的姜水河畔，即以姜为姓，子孙世代相传。姜姓与姬、嬴等20个古姓均起源于公元前两千多年前的母系氏族社会，是我国最古老的姓氏之一。与姜同为神农氏后裔的还有齐、甫、申、吕、纪、许、向等姓。

《说文解字》曰："神农居姜水，因以为氏。"传说中的炎帝，即神农氏，相传为中国历史上最远古的"三皇"之一。因炎帝生于姜水（今陕西岐山县），故以姜为氏。因此，炎帝的出生地，也就是姜氏的发源地。

姜姓源自炎帝，是中国最古老的姓氏之一。传说中的炎帝，号烈山氏（也作厉山氏），一说即神农氏。相传少典娶于有蟜氏。生炎帝。因炎帝生于姜水（在今陕西岐山县西），以水命姓为姜。在历史的进程中，由于各种原因，炎帝的许多子孙已易为其他姓氏。虞、夏之际，炎帝裔孙、四岳始祖伯夷，因辅佐禹治水有功，被封于吕（今河南南阳县西）建立吕国，复赐以族姓姜，以接续炎帝香火。另外，姜姓还有一些分支，分别建立有申、许、齐等诸侯国。其中，申国原居今陕西、山西之间，宣王时部分申国民众迁至河南南阳；许国建于西周初，开国君主是伯夷裔孙姜文叔，在今河南许昌东；齐国建于西周初，始祖是吕国的吕尚，建都于今山东淄博市东北的临淄北。吕尚，《史记·齐太公世家》说："本姓姜氏，从其封姓，故曰吕尚"，其子孙世袭齐国国君，历 29 世至齐康公，于公元前 391 年被田和放逐到海上。齐国变为田氏政权，吕尚的后代分散，或姓吕，或姓姜。对此《新唐书·宰相世系》记述为："姜姓本炎帝，生于姜水，因以为姓。其后子孙普易他姓。尧遭洪水。共工之从孙佐禹治水。为四岳之官，以其主四岳之祭，尊之，故称曰'大岳'，命为侯伯，复赐以祖姓曰姜，以续炎帝之后。裔孙太公望封刘，为田和所灭，子孙分散。"宋人邓名世《古今姓氏书辨证》在"姜"条补充道："夏商以来，分为齐、申、许、甫四国，世有显诸侯，其居戎狄者为姜戎氏。"文中的"甫"即吕。

炎帝至伯夷大约经历了14世。

一　第一世炎帝神农氏

《帝王世纪》云："神农氏，姜姓也，母曰任姒，有蟜氏女，名女登；为少典妇，游于华阳，有神龙首，感生炎帝。人身牛首，长于姜水。有圣德，以火得王，故号炎帝。初都陈，又徙鲁。又曰魁隗氏、连山氏、列山氏。"传说炎帝人身牛首，头上有角。炎帝生于烈山石室，长于姜水，有圣德，以火德王，故号炎帝。炎帝少而聪颖，三天能说话，五天能走路，三年知稼穑之事。他一生为百姓办了许多好事：教百姓耕作，百姓得以丰衣足食；为了让百姓不受病疾之苦，他尝遍了各种药材，以致自己一日中毒七十次。他又作乐器，让百姓懂得礼仪，为后世所称道。刘恕的《资治通鉴外纪》载："神农氏，长于姜水，以火承木，故为炎帝。古者民茹草饮水，采树木之实，食赢蚘之肉，多疾病伤毒之害。神农以为人民众多，禽兽难以久养，乃求可食之物，相土地燥湿肥饶高下，因天之时，分地之利，教民播种五谷。作陶冶、斤斧，为耒耜锄，褥以垦草莽。然后五谷兴，以助果瓜，实而食之。又尝百草酸咸之味，察水泉之甘苦，令民知所避就。当此之时，一日而遇七十毒，神而化之，使民宜之，天下号曰神农。本起烈山，称烈山氏，一曰连山氏、伊耆氏、大庭氏、魁隗氏。都鲁，以火纪官。其俗朴重端悫，不忿争而财足，无制令而人从，威厉而不杀，法省而不烦。列廛于国，日中为市，以聚货帛，国实民富而教化成。削桐为琴，绳丝为弦，以通神明之德，合天地之和。诸侯夙沙氏叛，不用命，箕文谏而杀之。神农退而修德，夙沙之民自攻其君而来归。其地南至交趾，北至幽都，东至汤谷，西至三危，莫不听从。"《太平御览》卷721又载：炎帝神农氏，长于江水，始教天下耕种"五谷而食之，以省杀生。尝味草木，宣药疗疾，救夭伤之命，百姓日用而不知。著《本草》四卷"。炎帝作为中华民族的始祖之一，他的功劳是不可磨灭的。

二 第二世炎帝临魁

神农氏生十三子，其中临魁为长子，《周易·系辞》疏："《帝王世纪》云：炎帝神农……在位一百二十年而崩，纳奔水氏女曰听詙，生帝临魁。"《通鉴外纪》所云："帝临魁元年辛巳。"《通志》卷1："（神农）纳莽水氏之女曰听詙，生临魁，嗣神农曰帝临魁。"《太平御览》卷135："少典妃游华阳，有神龙首感之，生神农于裳羊山，娶莽水氏之女听詙，生帝临魁。"传说炎帝在位140年（约公元前3216—公元前3077）或120年，这有待考究，炎帝死后，其子临魁继承父亲的位置，成为第二世炎帝。

临魁在位时把都城东迁至今河南洛阳市北郊谷城，《九域志》："谷城，神农尝五谷于此，名谷城。"《汉书·地理志》："谷水出谷阳谷，东北至谷城入洛。"《水经注》："河南有离山水……于谷城东南注于谷（水）。"《括地志》："故谷城在洛州河南，县西北十八里苑中。"《读史方舆纪要》：谷城在洛川"西北十八里故苑中，面临谷中。"谷城即今洛阳市郊谷水乡。临魁的政绩虽没父亲那样为万世敬仰，但也在父亲的基础上做出了比较出色的政绩。姜临魁在位执政虚记42年，卒于帝临魁四十一年，终年65岁，临魁死后，遗体葬在中原具茨山（今河南郑州新郑市境内），尊号炎帝。

三　第三世炎帝承

姜承生于帝临魁二十二年，出生在黄河以南的承留（今河南开封市开封县东南陈留镇），是帝临魁的小儿子。《路史·后纪四》："炎帝承，帝临息（字）也。其政因民之忉，发虚土，监贾区，储待废举，以符其诡。益五百而始收，于是贡胥之法行焉。"《神农书》云："承为民赋二十，而民有法，而神农亦有终岁献贡之事。赋贡之来久矣，特神农教民稼而后有谷米之赋，帝承为之制耳。"帝承时，完善了向各部落征取贡赋的税收，已普遍存在私有财产的积累。陈仁锡《潜确类书》卷三十一："神农洞在卫辉温县，神农采药至此，以杖画地，遂成洞。"在今河南温县。《通鉴外纪》："帝承元年辛巳，在位六年，或云六十年。"承入居渭河的祖先部落管理赋税，颇有成就。他承袭炎帝的部落长，封于黄河之北，即今之河南温县，继承炎帝采药之业，且"以枝画地，遂成洞"。

四　第四世炎帝明

《礼记·祭法》疏引《春秋命历序》曰："炎帝传八世，合五百二十岁。"八世所传，《周易·系辞》疏引《帝王世系》载："神农氏在位一百二十年而崩。纳奔水氏女曰听訞，生帝临魁；次帝承，次帝明，次帝直，次帝厘，次帝哀，次帝榆冈。凡八代，及轩辕氏。"而且司马贞撰的《三皇本纪》载神农纳奔水氏之女曰听訞为妃，生帝魁，魁生帝承，承生帝明，明生帝直，直生帝釐，釐生帝哀，哀生帝克，克生帝榆罔。凡八代、五百三十年，而轩辕氏兴焉。以上文献都说明姜明为姜承之子，姜明在位执政虚记28年，姜明在位期间，迁都于鸣皋，并且氏族内部的贫富差别日益明显。姜明执政期间致力于完善了神农氏所创立的父系氏族制度，规定：族中后代一律从父计算世系；女人居从属地位。女人结婚必须嫁到男方去，死后与夫同葬在男方墓地。炎帝明卒于公元前4628年，《通鉴外纪》："帝明元年丁亥，在位四十九年。"

五　第五世帝直

姜直为姜明的儿子，帝直，元年丙子，在位四十五年。《通鉴外纪》载："帝直元年丙子，在位四十五年。"炎帝都陈，则帝直迁都于伏羲故都，即今河南淮阳县。

六　第六世帝来（釐）

《路史·后纪四》："炎帝直，直生釐。"姜直为炎帝神农氏政权的第六任帝。在位四十八年，《通鉴外纪》载："帝釐一曰克，元年辛酉，在位四十八年。炎帝迁都曲阜，或即指炎帝来，居大庭氏之故地。其后裔一支为来国。"

七　第七世帝居（哀）

炎帝姜哀，姜来之子，在位四十三年，《路史·后纪四》："炎帝居，母曰听訞，桑水氏之子也。（《太平御览》：'音妖，生常林女子。'）炎居生节茎。"帝居即帝哀。

八　第八世榆罔

姜榆罔生于帝克二年，辰在位五十五年。传说榆罔其国在榆州。《汲冢周书》："曲沃灭榆州，其社存焉，谓之榆社。地次相接者为榆次。"并且因为蚩尤氏作乱，榆罔与黄帝部落联合在涿鹿大败蚩尤氏。黄帝因此被尊为部落联盟首领，而传说炎帝榆罔被迫南迁于湖南今炎陵县之白鹿原。《帝王世纪》："蚩尤氏强，与榆罔争王于涿鹿之阿。"炎帝神农氏传至榆罔这一代已经八世了，从神农纳奔水氏之女曰听訞为妃，生帝魁，魁生帝承，承生帝明，明生帝直，直生帝釐，釐生帝哀，哀生帝克，克生帝榆罔。凡8代530年而轩辕氏兴焉。从此，炎帝神农氏开始衰落，而轩辕氏开始兴起。

九　第九世帝器

《路史·后纪四》载："炎帝戏，戏生器及小帝，自庆甲以来疑年。"因为在榆罔时代，炎帝部落衰落，黄帝取代炎帝榆罔而成为中原部落大联盟首领后，建都新郑。至此，中国的国家机构已宣告形成。而炎帝戏、炎帝器的地位已经下降为神农本部落的酋长，后来形成了戏国等诸侯国，成为黄帝的属国。姜器在位四十九年。

十　第十世祝融

《国语·周语上》说："有夏之兴也，融降于崇山。"这也就是说祝融生于崇山上。关于祝融出生的记载有《山海经·海内经》载："炎帝之妻，赤水之子听訞，生炎居，炎居生节并，

节并生戏器，戏器生祝融。"由此可见，祝融系炎帝的第五代玄
玄孙。关于祝融的传说有很多，有人说他是火神，有人说是南
海神，也有人说祝融与北水神王战斗，北水神王被祝融真火炼
死。从此，祝融成为水火之神，但这些传说还有待考证。《左
传》昭公十七年说："郑，祝融之墟也。"也就是说春秋时的郑
国，是祝融族原来居住过的地方，即今河南新郑县一带。

十一　第十一世术嚣

术嚣，祝融子，所述为后人追述。光绪二十六年（1900）
《富春屠山柴氏宗谱》云："柴氏本姜姓，出炎帝神农氏之系。
神农氏生子十有三人，数世而有炎帝器。器生三子，其少子曰
祝庸，生术嚣。"

十二　第十二世勾龙

勾龙，术嚣子，所述亦为后人追述伪托。前述《富春屠山
柴氏宗谱》云：术嚣生二子，曰条、曰勾龙。《路史·后纪四》
云：祝庸为黄帝司徒，居于江水，生术嚣、兑首、方颠，是袭
土壤，生条及勾龙。条喜远游，岁终死而祖。勾龙为后土，能
平九州，是以社祀。

十三　第十三世共工

共工氏姓姜名垂，勾龙之子，前述《富春屠山柴氏宗谱》
云："柴氏本姜姓，出炎帝神农氏之系。神农氏生子十有三人，
数世而有炎帝器。器生三子，其少子曰祝庸，生术嚣。术嚣生
二子，曰条、曰勾龙。勾龙为后土，后世祀於社，生子二人，

曰垂、曰信。垂生伯夷，伯夷生太岳，佐禹平治水土，虞夏之际封于吕或封于申，太公吕尚其苗裔也。"传说，姜姓共工氏与姬姓华夏族之间在其后的历史上不断发生纷争，产生过三次大规模的战争，包括与颛顼之战，与帝喾之战，与大禹之战。也有传说尧舜之时，天下大雨。共工氏姜垂为治水之官，则前此治水之事，唯共工为能知其本末。因此当霪雨之时，共工与伯鲧壅水为治。共工与鲧用筑堤障水，垒库存水的办法解决当时水患的问题。但此方法未妥，于是共工怒，头触不周山，天柱折，地维崩，天倾西北，地陷东南。这一结果，符合如中国地形概貌西高东低，水向东流的地理特点，"天倾西北、地陷东南"之句，足以证明。

十四　第十四世伯夷

姜垂，娶妻蜀山氏，生二子：姜伯益、姜伯夷。伯夷为共工的从孙，是帝颛顼之师。帝尧时辅政，掌管礼仪，帝舜时正式任命他为秩宗。大禹治水及代行天子之政时，伯夷尽心辅弼，成为禹的心腹之臣。为嘉奖伯夷，帝舜晚年赐伯夷恢复姜姓，封为吕侯，掌管四岳，《国语·周语下》载："昔共工弃此道也……共工之从孙四岳佐之（伯禹）……祚四岳国，命以侯伯，赐姓曰姜，氏曰有吕，谓其能为禹股肱心膂以养物丰民也。"至伯夷之时，炎帝神农已传至十四代。在伯夷时期，因伯夷治水兼辅助有功，被封于申括吕地，《富春屠山柴氏宗谱》记载：垂生伯夷，伯夷生太岳，佐禹平治水土，虞夏之际封於吕或封于申，太公吕尚其苗裔也。

伯夷执掌的四岳是以太岳部落为中心的东南西北四个方向

的最高峰，后演变成为官职，即在尧、舜、夏禹时代，四岳是部落联盟的山岳祭司，一般由部落首领担任，分管四座神山的祭祀，而且这个官职都由伯夷的子孙担任。并且《国语·周语中》曾提到："齐、许、申、吕由大姜。"而且《毛诗正义·崧高篇》又注："尧之时姜氏为四伯，掌四岳之祀……历虞、夏、商，世有国土，周之甫也、申也、齐也、许也皆其苗裔。"二者均确指齐、许、申、吕出于姜姓。因此，申氏源于姜姓，出自炎帝裔后有着一定的道理。

第二节　申氏家族的始祖——伯夷与叔齐

从古到今，孔子、孟子、司马迁等都把伯夷叔齐当做是忠君爱国的贤人，是后世学习的典范。屈原、陶渊明、李白等历代名家赞颂伯夷叔齐的诗歌更是延绵不断。爱国的思想不仅在古代重要，在今天也是非常值得倡导和赞扬的。因此，我们应该发掘和了解这段历史，把爱国忠君这一优良传统发扬光大。

据史籍《姓氏考略》和《元和姓纂》、《史记》等记载，商朝末期，原姜姓封国在今河北省卢龙一带的孤竹国君之子伯夷、叔齐，在周灭商后"不食周粟"，饿死首阳山（今山西永济），其后人居住在大河一带。周宣王时，其族一部分被封于谢（今河南南阳），建立申国，春秋初期为楚国所灭，后人以国名为氏，是为申氏。

伯夷、叔齐相传是商末孤竹国君的两个儿子。《史记·伯夷列传》中写道：伯夷，为商末孤竹君之长子，姓墨胎氏。邢昺疏引《春秋少阳篇》："伯夷姓墨，名允，字公信。伯，长也；

夷，谥。叔齐名智，字公达，伯夷之弟，齐亦谥也。"由此可
知，伯夷是孤竹君的长子，叔齐是孤竹君的次子，是伯夷之弟。
自古以来，人们总是将两兄弟相提并论，提到伯夷，必要提到
叔齐，仿佛两人是连体的。伯夷、叔齐独行其志，耻食周粟，
饿死首阳山以后，在全国产生了广泛的影响，历代人们把这两
兄弟当做是兄友弟恭、忠君爱国的完美典范，为他们写下无数
的诗词歌赋，为他们建造庙宇纪念他们，以美术、艺术等形式
描绘他们的形象，以他们的故事来抒发自己的感情等。

一　夷齐让国

在古代一般来说，爵位都是让长子来继承。但是，伯夷、
叔齐的父亲孤竹君在世时，比较器重次子叔齐，想在死后把国
君的位子传给叔齐。后来孤竹国君死了，按照当时的常礼，长
子应该即位。但清廉自守的伯夷却说："应该尊重父亲生前的遗
愿，国君的位置应由叔齐来作。"于是他就放弃君位，逃到孤竹
国外。大家又推举叔齐作国君。叔齐说："我如当了国君，于兄
弟不义，于礼制不合。"也逃到孤竹国外，和他的长兄一起过流
亡生活。

二　劝阻伐商

伯夷、叔齐离开孤竹国后，听说周族在西方强盛起来，周
文王是位有道德的人，兄弟二人便长途跋涉来到周的都邑岐山
（今陕西岐山县）。此时，周文王已死，武王即位。当周武王带
着装有其父亲周文王的棺材，挥军伐纣时，伯夷拦住武王的马
头进谏说："父亲死了不埋葬，却发动起战争，这叫做孝吗？身

为商的臣子却要弑杀君主，这叫做仁吗?"周围的人要杀伯夷、叔齐，被统军大臣姜尚制止了。

三　不食周粟

周武王灭商后，成了天下的宗主。伯夷、叔齐却以自己归顺西周而感到羞耻。为了表示气节，他们不再吃西周的粮食，隐居在首阳山（今山西永济西），以山上的野菜为食。周武王派人请他们下山，并答应以天下相让，他们仍拒绝出山仕周。后来，一位山中妇人对他们说:"你们仗义不食周朝的米，可是你们采食的这些野菜也是周朝的呀!"妇人的话提醒了他们，于是他们就连野菜也不吃了。到了第七天，快要饿死的时候，他们唱了一首歌，歌词大意是:"登上那首阳山哪，采集野菜充饥。西周用残暴代替残暴啊，还不知错在自己。神农、舜、禹的时代忽然隐没了，我们的归宿在哪里? 哎呀，我们快死去了，商朝的命运已经衰息。"于是他们饿死在首阳山脚下。

四　对伯夷、叔齐的评价

（一）历史上对伯夷、叔齐的高度评价

伯夷、叔齐独行其志，耻食周粟，饿死首阳山以后，在全国产生了广泛的影响。许多名人，包括著名思想家、政治家、史学家、艺术家、文人学者、帝王将相纷纷以各种形式歌颂、褒扬伯夷、叔齐。孔子在《论语》中曾先后多次赞颂伯夷、叔齐，评称伯夷、叔齐"古之贤人也"，"不念旧恶，怨是用希"，"求仁而得仁，又何怨"，并评价夷齐"不降其志，不辱其身"。孟子评价夷齐为"圣之清者"。管子曰:"故伯夷、叔齐非于死之日而后有名也，其前行多备矣。"韩非子曰："圣人德若尧舜，行若伯夷。"韩愈则极力称颂他们的"特立独行"。《伯夷颂》起笔陡峭，开篇单刀直说"士之特立独行"的品格。

（二）伯夷叔齐思想与儒家思想的关系

孔子是中华民族历史上伟大的思想家、政治家和教育家。以孔子为代表的儒家思想，数千年来经久不衰，影响着中国乃至东方世界的经济、政治与文化生活。孔子的儒家思想，大体可以用仁、义、礼、智、信、恕、忠、孝、悌九个字来概括。那么，孔子的儒家思想是如何形成的，思想渊源又是什么？他是受什么思想的影响而逐渐形成了自己的世界观和价值观呢？

伯夷、叔齐死后，见于文献记载的，最早赞美伯夷、叔齐的人就是孔子。孔子在《论语》中曾先后多次赞扬伯夷、叔齐。"伯夷、叔齐不念旧恶，怨是用希"；"伯夷、叔齐何人也？曰：古之贤人也"；"怨乎？求仁而得仁，又何怨？"；"不降其志，不辱其身，伯夷叔齐与？"伯夷、叔齐的思想行为对孔子儒家思想的形成有哪些影响？我们可以从以下几个方面进行分析。第一，"仁"。伯夷、叔齐兄弟让国，充分体现了"仁"的道德标准。孔子也赞扬他们"求仁得仁"。孔子儒家思想的核心和最高道德标准也是"仁"。第二，"义"。让国，首先就是"义"字当先的，行为是无比高尚的。第三，"礼"。伯夷、叔齐"耻食周粟"，宁死全仁，用孔子的话就是"不降其志，不辱其身"。这就是儒家提倡的"礼"。第四，"孝"。伯夷以父命为尊，宁可不作君王，也不违背父亲的遗愿，这就是"孝"。兄弟让国，体现的是"悌"。不难看出，孔子儒家思想的主要精髓，都能从伯夷、叔齐的思想行为中找到源头。从这些佐证，完全可以看出，伯夷叔齐的思想行为是孔子儒家思想形成的基础，孔子儒家思想是东方世界的道德源泉。伯夷叔齐的思想行为，也就是名副其实的东方德源。

（三）伯夷、叔齐对周边国家的影响

伯夷、叔齐故事经过广泛传播，对周边国家也产生了很大影响。

1. 伯夷、叔齐对朝鲜的影响

传说殷商灭亡后，箕子从孤竹国带走数以万计的孤竹臣民，奔赴朝鲜，并建朝鲜国。同时也把伯夷、叔齐的故事带到朝鲜。汉武帝时期，曾征讨并统治过朝鲜部分地区。朝鲜全面吸收汉文化，伯夷、叔齐对他们影响很大。1473 年，朝鲜成宗四年，汉学家李边受成宗之命编撰《训世评话》，共编有 65 则古代故事，主要取材于中国古书，其中就有《伯夷、叔齐》篇。后此书多次再版，对朝鲜社会民众影响深远。明清时期，不少朝鲜诗人学者拜谒夷齐庙，题写诗文，讴歌伯夷、叔齐。

2. 伯夷、叔齐对日本的影响

日本江户时代，德川光国爱读《史记》，尤其敬慕伯夷的气节。明朝末年，德川家族建"得仁堂"，将伯夷、叔齐的木雕像安置在堂内，并据孔子评论伯夷、叔齐所说的"求仁得仁"而将其命名为"得仁堂"。

日本江户时代赤穗四十七义士为主人报仇，然后集体剖腹自杀。日本小说家宫城谷昌提出"义人"之说，实出《史记·田敬仲完世家》，武王伐纣，伯夷、叔齐扣马而谏，太公没有杀他们，还称他们是"义人"。从这些，也看出伯夷、叔齐故事对日本的影响。

3. 伯夷、叔齐对越南的影响：

元鼎五年（公元前 112）汉武帝置南越九郡，推行儒学教育，伯夷、叔齐自然也随之影响到越南。

元代，越南状元莫挺之，奉君命出使元朝，当时因为其貌不扬而受到元朝文武官员藐视，正逢外国有使者进奉扇子，于是题写《扇子铭》，自比为伯夷、叔齐。可见他是熟知并崇尚伯夷、叔齐的。

（四）历代名家赞颂伯夷叔齐的诗歌

屈原《九章·橘颂》"行比伯夷，置以为像兮"。对伯夷作出很高的评价，把夷齐作为自己为人处事的榜样。晋陶渊明在《杂曲歌辞·少年子》中颂道"二子让国，相将海隅。天人革命，绝景穷居。采薇高歌，慨想黄虞。贞风凌俗，爰感懦夫"。对伯夷、叔齐的影响作了充分的肯定。白居易《首阳山》中歌道"朝采山上薇，暮采山上薇。岁晏薇已尽，饥来何所为？坐饮白石水，手把青松枝。击节独长歌，其声清且悲。枥马非不肥，所苦长执维。豢豕非不饱，所忧竞为牺。行行歌此曲，以慰常苦饥"。

伯夷、叔齐不食周粟，采薇而食，最后以死明志，历来为名家所传颂。韩愈《伯夷颂》中颂道"殷既灭矣，天下宗周，彼二子乃独耻食其粟，饿死而不顾。繇是而言，夫岂有求而为哉？信道笃而自知明也。"对伯夷、叔齐极力赞扬，认为这是一个君子处事的最高境界。南宋民族英雄文天祥，在被俘囚禁期间，曾写过一首《和夷齐西山歌》。"彼美人兮，西山之薇矣。北方之人兮，为吾是非矣。异域长绝兮，不复归矣。风不至兮，德之衰矣。"元兵统帅劝降时说，"国已亡矣，杀身以尚，谁复书之?"文天祥正言以答:"商非不亡,夷齐自不食周粟。人臣自尽其心,岂问书与不书?"并咏诗抒怀:饿死真吾事,梦中行采薇。

众多的文艺作品,无一例外的提到了伯夷、叔齐两人不食周粟、采薇而食的事迹,可见此事的影响之大。今人彭岚嘉在《遥想伯夷叔齐》中说:"我们照样也为在我们的土地上曾经养育过这样与众不同的两位古人而倍感骄傲。只不过我们所思并不与'仁义'搭界,而是从心底里崇敬他们那种动真格的生命态度。"对于不食周粟这件事,我不想再作太多的评论。每个人都有自己的选择,只要坚定自己的信念,做自己认为正确的事,我认为这样就很可贵了。古往今来,像这样的仁人志士并不乏见。古有伯夷、叔齐耻食周粟,今有朱自清拒食美国面粉。这些人的勇气和意志让我们敬佩,他们这种以死明志的爱国情怀足以名留青史。

总之,对于伯夷、叔齐,肯定多于否定,他们即使做不出很大的历史功绩,但是他们的人格魅力和品格在今天仍然还是闪光的。尤其是在物欲横流、道德贬值的社会,我们更应该学习伯夷、叔齐独行其志、耻食周粟的精神,让我们的社会更纯净,更和谐。

不过历史上有两个伯夷,到底申氏家族是哪个伯夷的后裔,这还有待探索。

历史上第一个伯夷,也就是上古时代的伯夷,相传共工的从孙伯夷,是帝颛顼之师,帝尧时辅政,掌管礼仪,帝舜时正式任命他为秩宗。大禹治水及代行天子之政时,伯夷尽心辅弼,成为禹的心腹之臣。为嘉奖伯夷,帝舜晚年赐伯夷恢复姜姓,受封于吕，为吕侯，掌管四岳，其子孙因此亦以吕为氏，我们很熟悉的姜太公是其后人。

第二个伯夷是商末孤竹君的长子，孤竹国伯夷大约生活于公元前 1140 年前后，与上古时代的伯夷生活年代相距一千多年。

这两个伯夷相比较而言，上古伯夷是申氏先祖的可能性比商末伯夷的更大。

首先，商末的伯夷、叔齐虽然是舍己取义的圣人，但在当时周人眼里，伯夷、叔齐两人不过是商的亡国之徒，从国家安全的角度来看，孤竹国与商朝王室的关系相当密切，孤竹国君墨胎氏与商王同为子姓，是东夷的一支，跟商王室是姻亲关系，那么重用孤竹国伯夷、叔齐后裔，并且与其联姻，使其壮大政治力量，这无疑是一种养虎为患的举动，周人肯定不会这么做的。

再次，从《国语·周语下》、《左传》的记载和上古伯夷的传说看来，上古伯夷跟姜姓之祖的四岳氏有最直接的关系，据《名贤氏族言行类稿》的记载："孤竹君，姜姓，殷汤封之辽西令支，至伯夷、叔齐，子孙以竹为氏焉。"伯夷、叔齐也是上古伯夷的子孙。

最后，《史记·齐世家》云："虞夏之际封于吕，或封于申，姓姜氏。夏商之时，申、吕或封枝庶子孙，或为庶人，尚其后苗裔也。本姓姜氏，从其封姓，故曰吕尚。"这里已指明"申"早已存在，非武王时始封，这也可以说明，在商末伯夷叔齐之前早就有申国的存在了，伯夷、叔齐可能不是申国人的始祖。

第三节　申氏家族的受封——西申国、东申国、南申国与申吕国

西周时期分封诸侯，从而出现了许多的诸侯国，申国就是其中的一个诸侯国。然而由于在西周和春秋时期出现了一系列的申国，先后有西申国、南申国、东申国、申吕国等诸侯国都被称为申国，即所谓的"四申国"，这样在无形中对申国的认识就增添了许多的困惑和麻烦。再加上古代文献中关于申国的记载有限，传世和历代出土的申国的文物也不多。因此，学术界对申国的历史状况有许多不同见解。

一　四申国在建国地域上的比较

申原为西戎的一支，最初住甘、陕之间。申国起源于申族，它是羌族的一支，为姜姓，古今学者都一致认定姜源于羌，姜即是羌。申国和吕国、许国、齐国俱为姜姓，这一点也是学术界所公认的。《史记·齐太公世家》记云："太公望吕尚者，东海上人。其先祖尝为四岳，佐禹平水土甚有功。虞、夏之际封于吕，或封于申，姓姜氏。夏、商之时，申、吕或封枝庶子孙，或为庶人，尚其后苗裔也。本姓姜氏，从其封姓，故曰吕尚。""四岳"是姜姓，炎帝之后，所以申、吕、许、齐等国姜姓的"姜"，是由炎帝的姜姓一脉相承下来的。徐旭生先生在其《中国古史的传说时代》说："姜姓起源于陕西西部黄土原上的意见，自从我于1934年到宝鸡斗鸡台作田野发掘的时候就已经深切的感觉到。由于前面所说的姜城堡、清姜河、神农庙、潘溪

水、姜氏城诸遗迹的指引，就觉得姬、姜两姓的关系由来已久，绝不能分属两族。"这说明了炎帝姜姓氏族的早期活动应认定是在今陕西西部一带，所以申国的原封地也应该在此地域。

　　陕西西部与宁夏回族自治区南部一带的"西申"古为申戎之地，所以"西申"也被称为"申戎"，亦称"姜戎"，应是"四申国"中地域最广的。它本是古老的姜姓氏族的早期活动地带，也可说是申人的早期活动地带，是一个实力较为强大的封国。据《史记·秦本纪》记载，秦的申侯曾对周孝王说："昔我先骊山之女，为戎胥轩妻，生中潏，以亲故归周，保西垂，西垂以其故和睦。""申、骆重婚，西戎皆服，所以为王。"申戎之女同秦的祖先大骆婚配之后，申戎的势力在西方是很强大的，为西方诸戎之首，即殷商之末的西戎"申侯"之国。周灭商后，势力日盛，大约在王季时代申人投奔了周人。在周初大分封时，申人被封于陕西西部与宁夏回族自治区南部一带，建立起申国。《逸周书·王会解》记周初成周之会，按方位叙述了四方来贡者，其中有一段说："楼烦以星施，星施者洱施；卜卢以执牛，纵牛者牛之小者也；区阳以鳖封，鳖封者若龟前后有首；规规以麟，麟者仁兽也多；西申以凤鸟，凤鸟者戴仁抱义执信；氐羌以鸾鸟……"此中的"西申"与其他西北部族并列，可证周人西北之申戎确实称为"西申"。蒙文通先生曾经指出："《西山经》有申山，有上申之山，有申首之山，申水出焉。《地理今释》云：'申首之山，今甘肃中卫县南雪山山脉，东趋直至陕西莨州河岸为申山上申山之首干，故曰申首也。'……则安塞米脂以北，西连中卫，为申戎之国，所谓西申。"参照当时政治形势，我们可以得出西申国居于周都丰、镐以西，并与秦国相邻，活动区域大致在今甘、陕交界的小陇山南麓地区。

到了周宣王时期，为了加强对"南土"局势的控制，改封王舅申伯于今河南省南阳市，在原谢国的土地上建邑立国。相对于西土之申，此申国遂称"南申国"。《元和郡县图志》卷二十一邓州南阳县条下记："本周之申伯国也，平王母申后之家。汉置宛县，属南阳郡。"《汉书·地理志》"南阳郡宛县，故申伯国。谓宣王改封之后也，以前则不知其地。"这些史料都比较明确地肯定宣王时所封的申国就在今南阳市附近。南阳之申，除了文献记载外，1981 年在南阳市北郊出土的西周晚期"南申伯太宰"铜器也是古申国南封于此的有力证据。再者，对于其具体位置，《汉书·地理志》中也有提到："申之疆域，在冥陌之北，淮水之南。"冥厄关，今湖北广水市和河南信阳县交界处，淮水即淮河。古南申国东接息（今河南息县）、弦（今光山县西北）、黄（今潢川县西），西连吕（今南阳市西）、邓（襄阳至邓州市一带）、颤（在今唐河县西南 80 里湖阳镇），北邻缯（今南阳东北方城）、道（在今确山县北）、蔡（在今上蔡、汝南），南近郧（在今湖北安陆）、随（今随州市）、唐（今随国西北）。1981 年在南阳砖瓦场出土的铜簋两件，其铭文有"中宰父大宰南申"、"南申伯大宰"字样，可见，"南申"一说确实存在。

而东申国的具体地理位置，笔者认为信阳之申是东申。《左传·昭公十三年》："楚之灭蔡也，灵王迁许、胡、沈、道、房、申于荆（山）焉。平王即位，既封陈、蔡，而皆复之，礼也。"杜预注："道、房、申皆故诸侯，楚灭以为邑。荆，荆山也。《传》言平王得安民之礼。"《通典》卷183、《元和郡县图志》

卷9、《太平寰宇记》卷132、《读史方舆纪要》卷50，都说信阳为春秋时申国地，有的还说谢城在信阳"县西北六十里"。其位置正当淮河上游北岸。楚宣王封其王舅与谢属一迁，楚灵王迁其于荆，是属再迁，楚平王时"复之"，申人则又回到其淮域故地，当是三迁。这里需要说明的是，所谓称信阳之申为东申，是今人顾铁符为了区别南阳之申即南申而创立的名词，并非当时已有东申之名。信阳南有平靖关、武胜关和九里关所谓"信阳三关"，北有淮河天险，扼南北交通要道，控淮河流域咽喉，是春秋时期的战略要地。清代江永《春秋地理考实》曰："申伯虽封于谢，而其后乃国于申。"江氏已注意到了南申疆域不断扩大的史实：其都邑初陟封时在今河南省唐河县之谢城，后又迁至今河南省南阳市之申城。

申江平原的"申吕"为吕人在申江下游平原建立的申吕国。吕为古代四岳部落之后，是古老的姜姓部族的一支，在夏代以前便活跃在中国大地上，历经夏、商至两周时期，一直作为重要的方国而存在。《史记·齐太公世家》说：大公望吕尚者，东海上人。其先祖尝为四岳，佐禹平水土甚有功。虞、夏之际封于吕，或封于申国，姓姜氏。夏、商之时，申、吕或封枝庶子孙，或为庶人，尚其后苗裔。《通志·氏族略》载"吕氏，姜姓，侯爵，炎帝之后也。虞、夏之际，受封为诸侯，或言伯夷佐禹有功，封于吕。"可见，吕国的远祖为炎帝，其近祖为上古神话传说时代的神话英雄共工，其始封之君为尧、舜时期助禹治水有功的伯夷。吕国是姜姓部族在虞、夏时首封的第一个方国，吕族亦有多支被封于各地。在夏王朝时期，吕族的一支曾被封于吕地（今河南南阳一带），至周宣王改封其元舅申伯于南阳建立申国时，该吕族被迫放弃南阳的吕地，改迁于长江下游进海口一带的申地，即申江平原。该吕族在申江平原发展，史称"申吕族"，其后该族在申江平原即扬子江（黄浦江）两岸地区建立申吕国。

二　四申国在建国时间上的比较

《汉书·地理志》中记载："南阳郡宛县，故申伯国。宛县者，谓宣王改封之后也。以前则不知其地。"从中可得知，在周宣王迁封申伯于谢邑之前，今南阳这个地方没有申国。《竹书纪年》有云，宣王五年"秋八月，方叔帅师伐荆蛮"。六年，"召穆公帅师伐淮夷。王帅师伐徐戎，……次于淮。"这是周宣王对南方和东南方的用兵。在这种形势之下，为了使其南方、东南方安定下来，便在次年，即其七年封其舅父申伯到谢地去，以控制南方兴起的楚和东南方之淮夷。《今本竹书纪年》"（周宣王）七年王锡（赐）申侯命"记载，周宣王封申伯于谢邑当在七年。据此推算，南申建国应在公元前821年这段时间，而西土之申早于其所建立，即在周初大分封时，申人就被封于陕西西部与宁夏回族自治区南部一带并建立起申国。但因为周武王灭纣王的年份至今仍不确定，有公元前1111年与前1046年二说，加上周初大分封的时间没有具体的文献支持，所以西申国建国时间也至今未能确定。我们所了解到的只有申人在西周历成、康、昭、穆、共、懿、孝、夷、厉凡九王，均为周人镇守西部边陲之方伯。

西周中期，居丹浙地带的荆楚立国兴起。东周之初，楚王带领人民"筚路蓝缕，以启山林"，经过一个多世纪的惨淡经营，国势日臻强盛，开始了开疆拓地的进程。楚文王即位后，首先攻击位于战略要地的申，并取申而设县。公元前529年，楚灵王死，楚平王立。当年楚灵王灭蔡国后，灵王将许国、胡国、沈国、道国、房国和申国迁徙至楚国境内，楚平王即位后使陈国和蔡国复国，而这些被迁徙的小国，也都复国。申国正在复国之列。《左传·昭公十三年》："楚之灭蔡也，灵王迁许、胡、沈、道、房、申于荆（山）焉。平王即位，既封陈、蔡，而皆复之，礼也。"

申吕国的建国时间较南申国和西申国晚，因为申吕国是由原南阳吕地的吕族迁于申江平原后建立的。而吕族是在周宣王封王舅申伯于南阳建立申国后，被迫迁于申江平原的。吕族人到申江平原后也需要时间整顿和开发申江平原，做好建国的准备才能建立申吕国，而不是一到申江平原就立刻建立国家。由于在春秋初期的周平王姬宜臼三十一年至周桓王姬林九年之间（楚武王熊通元年至十三年，公元前740—公元前711），楚武王率大军侵入都地，兼伐申吕国。这说明在楚武王侵入都地（公元前740—公元前711年）之前，申吕国就已存在。据《今本竹书纪年》中"（周宣王）七年王锡（赐）申侯命"的记载，周宣王封申伯于谢邑当在七年，即公元前821年。据此推算吕族迁走是在公元前821—公元前822年这段时间。由于无史料记载和出土器物考证申吕国的具体建国时间，所以只能按其他史料分析申吕国的建国时间约是在公元前822年至前728年间。

三　四申国在成因上的比较

申国起源于申族，它是羌族的一支。当新石器时代的末期，申部落已由羌人分出，从甘肃东部东迁到山西中部。周灭商后，势力日盛，大约在王季时代，申人投奔了周人，居于陕西周原之西的凤翔，替周人御边。在周初大分封时，申人被封于陕西西部与宁夏回族自治区南部一带，建立起国家。所以可以说"西申国"是申人归附西周后而建立的，和其他周初的封国一样，起保卫宗周的作用，其国君称为申伯。《逸周书·王会解》记周初成周之会，按方位叙述了四方来贡者，其中有一段说："楼烦以星施，星施者洱施；卜卢以执牛，纵牛者牛之小者也；区阳以鳖封，鳖封者若龟前后有首；规规以麟，麟者仁兽也多；西申以凤鸟，凤鸟者戴仁抱义执信；氏羌以鸾鸟……"此中的"西申"与其他西北部族并列，可证西土之申确为周之封国。

《诗·小雅·黍苗》郑《笺》云："宣王之时使召伯营谢邑以定申伯之国，将徒南行"；宋朱熹《诗集传》亦曰："宣王封申伯于谢，命召穆公往营城邑，故将徒役南行，而行者作此。"我们从中可剥离出极有价值的信息：周宣王将申伯从西迁封于谢。周宣王时（公元前827—前782年），申伯为王卿士，佐宣王有功，加之又有王舅的至亲关系，为了表达"宣王中兴"之德，抵御南方日益强大的楚国，便委申伯以重任，遂增封申伯于淮河上游的谢地（今信阳市平桥区平昌关北的古城遗址）。明、清《一统志》：古"谢城在信阳州西北六十里，周申伯所封。"相对于西土之申，史称"南申"。《诗·大雅·崧高》："崧高维岳，骏极于天。维岳降神，生甫及申。维申及甫，维周之翰。四国于蕃，四方于宣。亹亹申伯，王缵之事，于邑于谢，南国是式。王命召伯，定申伯之宅。登是南邦，世执其功。王命申伯，式是南邦。因是谢人，以作尔庸……"这是周宣王时将王舅申伯改封到谢这个地方重新立国的记载。可惜好景不长，随着周室东迁，王室衰弱，这个依赖王室支撑的诸侯国，也每况愈下。春秋早期，楚国逐渐兴起，楚文王即位后，出于中原的需要，首先攻击位于战略要地的申国，并在攻取申国后而设县。

楚灭南申后，申人所去何从呢？《左传·昭公十三年》："楚之灭蔡也，灵王迁许、胡、沈、道、房、申于荆（山）焉。平王即位，既封陈、蔡，而皆复之，礼也。"杜《注》："道、房、申皆故诸侯，楚灭以为邑。"我们结合有关文献记载和楚灵王迁诸国于荆，其后楚平王使其回归故地，以及许、胡、沈、道、房诸国的地望，推测在楚文王攻取申国，并于申国故地置县后，而东迁申人于淮域，在今河南信阳一带安置，作为附庸存于楚境。1974 年，在长台关公社甘岸大队一座春秋战国时期的墓葬中，发现的邻近于申的吕国的铭文记"甫（吕）哀伯者君"，可证南申都邑南阳之谢被楚攻破后，将其都邑东迁至信阳之"谢"。其迁徙的时间大致为楚破灭南申之时，即楚文王二年（公元前 688）。申人于信阳重建故国，春秋史称"东申"，东申国作为楚的附庸而存在。

申吕国是由原南阳吕地的吕族人迁徙到申江平原后建立的，这一支吕族人史称"申吕"，其建立的国家史称"申吕国"。在申吕族人迁徙到申江平原后，经过一段时间的努力，整顿和开发申江平原，使族人有了较好的生产发展的地方。在生产力有了发展基础的情况下，申吕族人的生活便逐渐趋于稳定，同时申吕族人也会在此植根繁衍。在国家产生之前，一般都是由氏族关系对社会进行管理。随着物质资料生产的发展，人们在物质资料生产过程中结成的生产关系逐渐代替了血缘关系，使社会结构发生了根本变化。新的社会制度取代了由血缘关系决定的氏族制度，这就使国家制度逐渐出现了。随着申吕一族在申江平原的生产和生活的发展，便逐渐产生了需要建立国家的需要，申吕国也因此建立了，国君为伯爵，因此称为申伯吕。

四　四申国在消亡过程上的比较

《国语·郑语》曾这样勾勒春秋初期王室渐趋衰微、诸侯相互侵伐的政治格局："及平王之末，而秦、晋、齐、楚代兴，秦景、襄于是乎取周土，晋文侯于是乎定天子，齐庄、僖于是乎小伯，楚冒于是乎始启濮。"这一历史性巨变必然导致依附于周王室的西申与南申的衰微。西申何时、如何为秦所灭，史书失载：而南申为楚所灭，则有文献可考。

从南申国的地理位置中可知，南申国位于南阳盆地中间，处于四方交通辐射之地，其优越的地理条件，有利于周对南方和东南方的控制。春秋早期，楚国逐渐兴起，楚文王即位后，出于中原的需要，首先攻击位于战略要地的申国。据今本《竹书纪》载，楚武王三年（公元前738），楚人已举师北伐侵南申国；六年（公元前735），王师戍南申国。故诗人作《扬之水》以刺周平王，数发"不与我戍申"、"不与我戍甫"、"不与我戍许"之喟叹，说明当时战事之激烈、战区之宽广、征人之艰辛。又据《左传·庄公六年》载"楚文王伐申"；《庄公十八年》亦载，伐申之役，巴人从楚师；《哀公十七年》有"实县申、息"之语，《水经·水注》亦曰"楚文王灭申以为县也"。可见，楚文王二年（公元前688），楚、巴联军攻灭南申国，并取南申国而设县。

楚灭南申后于信阳重建申国，即"东申"，作为楚的附庸而存在。因此东申的灭亡应与楚国相始终，大概在战国早期以后为秦所灭，具体过程缺乏明确材料的支持，在信阳申城也没有文物佐证，申国被灭时间成为历史之谜。

随着周王室的衰微，申吕国为南方逐渐强大起来的楚国所灭。西周灭亡，东周衰弱，中原动乱，周王室失去了对楚国的控制，南方的楚国实力逐渐增强，多位楚王励精图治，开拓疆土，把楚的疆域扩张到扩展到江汉平原和长江中游沿岸地区。在春秋初期，楚国出现了一位有心图霸的君主——楚武王熊通（公元前 740 —公元前 690 年）。在周平王姬宜臼三十一年至周桓王姬林九年之间（公元前 740—公元前 711 年），楚武王率大军侵入都地，兼伐申吕国。周平王曾派兵增援保护申吕国，结果王师被楚武王军队击败了，申吕国就此被楚国吞灭。之后，楚武王以申吕国之地为太子熊赀之保（封邑、私军之地），申伯吕成为楚国大夫，世代负责辅佐楚国太子，后来世代成为楚国重臣大姓之一。此后，申吕国之地多为楚国太子的邑地。

诸多文献历来分辨不清西申国、南申国、东申国、申吕国之间的差别，经常混为一谈，甚至有错误的认为"西申、南申、东申、申吕不分"。通观全文，可以得知西申国、南申国、东申国、申吕国在建国时间、地域、成因、以及消亡的过程上各有不同，但西申、申吕国的具体建国时间等问题上还没得到实证。随着历史文献的解读和古文器物的出土，西申国、南申国、东申国、申吕国之间的区别将会被研究得愈加具体和清楚。

第四节　申氏家族的繁衍——历代的迁徙之路

申姓是一个古老的姓氏。申氏历史悠久，饱经沧桑近三千年，筚路蓝缕辗转数千里而播迁天下，如今遍布江苏、湖北、湖南、浙江、江西、四川、河南、河北、山东、北京、天津、福建、广东、云南、贵州、广西、黑龙江、吉林、辽宁、台湾、东南亚及欧美等地。申姓是当今中国姓氏排行第 123 位的姓氏，人口约 176 万余，约占全国汉族人口的 0.11%。申氏家族仍在不断的发展壮大，在我国也具有重要地位。我们人类活着就应该要首先好好了解自己家族的历史，了解自己家族根源、发展情况，这样才可以把姓氏不断发展壮大，把姓氏的精神发扬光大。

一　先秦时期——申国的兴亡

从夏商时代的姜姓迁居南阳至公元前 676 年楚文王灭南申国，历经四百年后，楚国在申（昌）、息驻扎军队，设置地方政权（申县），出现了多任"申公"。自此，楚文王吞并申伯国及信阳一带的诸侯小国，经营的重点和驻扎重兵的地方已经推进至淮河北岸的古申伯国的负函城。据《左传·昭公十三年》记载："楚之灭蔡也，灵王迁许（许昌）、胡（漯河市西）、沈、道、房、申于荆（山）焉。"杜预注："道、房、申皆诸侯，楚灭以为邑。"楚灵王时（公元前 517—前 545），楚欲与北方诸侯争霸中原，制定了一个"内迁申人"的计划，即把部分南阳人（实际是旧申之贵族）迁往荆沙地区（今湖北江汉平原一带）。

至楚平王时（公元前 528 年为平王元年），该计划才得以实施，在"申人迁出"之后，又实施了一个"楚人迁入"的计划，即将荆沙楚人迁入南阳。楚是南方诸侯，属蛮族；申是北方诸侯，属东夷族。这是南阳地区第一次人口大迁徙。同时，由于吴楚连年战争，导致申民流离失所，申人散住，遍布四方。

公元前 278 年，秦国大将白起一举攻陷楚国郢都，楚顷襄王"流掩于城阳"（原古东申伯国辖地，今河南信阳平桥区境内的城阳城遗址）。危难当头，楚顷襄王惭愧地派人召回谋臣庄辛，于是在信阳就产生了一个著名的"亡羊补牢"的典故。庄辛的理论付诸实践后，使得楚顷襄王缓过一点劲来，在临时国都——城阳暂住了三年，又迁徙到陈国的淮阳。

公元前 273 年，秦昭王又命白起与韩、魏联合攻楚。在三军整装待发之际，申国故地（今信阳潢川）人黄歇，就光彩夺目地登上楚国历史的舞台。他首先出使秦国，向秦昭王上书陈述秦楚结为睦邻友好的利弊大势，促成秦楚订立和好盟约。接着，黄歇又与太子完到秦国做人质。公元前 263 年，黄歇巧设妙计与太子完死里逃生地回到楚国，楚顷襄王去世后，太子完继位为王（楚考烈王）。楚考烈王元年，黄歇被任命为令尹，又封为春申君，赐淮北地十二县，其中包括了他的老家黄国故地——信阳潢川。

公元前 241 年，这位战国时期著名的四君子之一的楚国申人春申君向楚考烈王进谏：淮北地靠近齐国，形势紧急，把赐他的淮北封地划为郡来治理，愿请封江东。楚考烈王应允了。

这样，春申君黄歇就封于江东吴国（今苏州及以东）。楚国春申君封地变迁，他来到江东后，为发展农业，使苏州等城邑免受水患，又开始兴修水利，主持疏浚东江、娄江、吴淞江"三江"，开浚黄歇浦（黄浦江），惠泽于民。时至今日，江苏苏州到上海一带到处都有春申君足迹印痕和"申"的符号。在无锡，春申君饮马的山涧，称之为"春申涧"；在江阴，有港口称之为"申港"；在苏州，因春申君在此设立粮仓，遂有"太仓"。被称之为上海母亲河的黄浦江别名"申江"、"春申江"、"申浦"都是源自楚国令尹春申君。于是，上海简称"申"、上海市又称申城（信阳市古为申国，现在也简称申，世人称上海为"大申城"、信阳为"小申城"）。

　　在上海域内还有很多与春申君有关的地名和事件。如上海市的"春申路""春申桥""春申塘"以及松江区新桥镇的"黄歇村""春申村"等。春申君最早"治水入江，导流入海"，至今春申村还流传着"黄歇率众开河"的传说。松江区政府投资兴建的"春申君祠堂"已落成，祠堂西面为大型铜雕照壁"上海之根"；浮雕两端的纪念碑上，雕刻着松江区在纪念松江置县1250年时献给黄歇的颂诗：春申治水，黄浦滔滔。陆逊封侯，华亭昭昭……2002年9月，上海申办世博会成功的欢庆晚会上，演员们引吭高歌的第一首歌，就是《告慰春申君》。

　　据许多学者判断，先秦时代的楚国，有很多姓申的人士，大概正是由于这个缘故。春秋战国期间，申姓名人云集，代表人物主要有：申伯、申不害、申俞、申舟、申犀、申骊、申蒯、申枨、申叔仪等，这些名人分布于鲁、郑、楚、韩、晋、吴等国，表明当时申姓人已分布于今山东、山西、陕西、湖北、河北、江苏等地。

二　秦汉时期——"固始是第二故乡"

秦统一中国后，大部分申姓旧族已东迁江淮之间。申族人称"固始是第二故乡"，河南固始地处江淮之间，大别山北麓，农业开发较早，水利灌溉条件优越，有"百里不求天灌溉"之称，素称鱼米之乡，是百姓和士族乐于居住之地。同时固始地当南北要冲，是中原人口南迁的重要地带。西晋永嘉之乱，匈奴、鲜卑各族迁居中原，征战不已，中原士族纷纷南迁，促使了江淮和固始申人再徙江南，隅居苏杭。

西汉时，申姓名人依旧甚多，有必要提一下的是栎阳（今江苏省溧阳）人申砀，苍梧（今属广西）人申朔，表明此际已有申姓人入居祖国南端——广西。至东汉，申族人见诸史册的有申咸、申转、申君，为后期申姓琅琊郡望的形成奠定了基础。东汉末期，有申仪入蜀。

三　魏晋南北朝时期——三大郡望形成

魏晋南北朝时期，是申氏家族发展史上的一个最重要的时期，此期，申氏家族历史上的三大郡望——魏郡、琅琊郡、丹阳郡开始形成，并逐渐昌盛起来，并有力的推动了涵盖其郡望的省份河北、山东、安徽等地申氏家族的发展。

四　隋唐时期——迁至湖南、江西

隋唐之际，申氏家族有一支由湖北迁居邵州（今湖南省邵阳），并有一支由丹阳徙居信州（今江西省）。

五 五代十国到两宋时期——继续南迁

五代十国到两宋，申姓族人已广泛地分布于今江苏、湖北、湖南、浙江、江西、四川等南方诸省。

六 明朝——洪洞大槐树迁徙与"铁锅申"的传说

（一）洪洞大槐树迁徙

明初，山西申姓作为明朝洪洞大槐树迁民姓氏之一，被分迁于今河南、河北、山东、北京、天津等地。此际，已有申姓人迁居至今福建、广东、云南、贵州、广西等地。散居中原的申姓，人口集中居住地多以"申楼"命名。旧谱"河南查源有登封、伊川、许昌、平顶山、邓州穰东、内乡、西峡零星分散"。亦有"盆申""打锅申""四片申"的说法。

从洪武初年至永乐十五年的近五十年里，在洪洞大槐树下移民十八次之多，分别迁至冀、鲁、豫、皖、苏、陕、甘、宁等地。明统治者按"四口之家留一，六口之家留二，八口之家留三"的比例迁移。吴晗在《朱元璋传》中写道："迁令初颁，民怨即沸，至于率吁众蹙。惧之以戒，胁之以劓刑。"全是在强权政治的胁迫下进行的。在王金榜的河南坠子"赞古槐"一词中唱道："元朝末年天下乱，军阀混战闹得凶。瘟疫传染遭荒旱，六粮不收糟年成。黄淮流域灾情重，赤地千里无人行。朱元璋建立大明朝，徐达奏本献朝廷，回迁民屯开荒地，强国利军富百姓。有道的明君准了本，一道圣旨到洪洞。洪洞县文明古老多繁华，在全国人口密集很有名。派出钦差到洪洞县，迁民局设在洪洞城。城北二里广济寺，古槐树下扎下营。出榜文，

贴告示，晓喻洪洞众百姓：响应号召愿迁往，都到这大槐树下
来报名，登记造册领路费，迁民局发给通行证。洪武五年开始
迁，直到永乐年间停。先后共有四十载，分八批往那东南行。
河南、河北、安徽、山东，分布四省安百姓。经过历史五百载，
人口变迁真不轻。洪洞的迁民遍全国，还有海外侨居去谋生。
内蒙古流传一副对，世代相传记得清：'若问家乡在何处？山西
洪洞大槐树。'大槐树后裔有特征：小拇脚趾甲是复型，是古槐
后裔脱鞋看，实践验证是真情。走起路来背抄手，都是大槐后
裔的特征。槐裔民族多古老，繁衍全国多闻名。"山东曹县一刘
姓的族谱里，记载着他们的先祖是"独耳爷爷"，独耳爷爷就是
因为在迁徙途中多次逃跑，被官兵割掉一只耳朵的。明时移民
条例中还规定，凡同姓同宗者不能同迁一地。河南省内黄县就
有戴姓与马姓、陈姓与邵姓、周姓与单姓、温姓与王姓都是异
姓同宗。在河北省河间县一带至今仍有"回、翟、常一个娘"，
在山东"魏、梁、陈一家人"，"崇、刘、顾是一户"，在河南
省永城"崔、谢、张、陈是弟兄"等说法。类似这种情况，在
河北、陕西、江苏等地也不胜枚举。在冀、豫、鲁，关于"打
锅牛、打锅常、打锅张、打锅郭、打锅申等传说也广为流传。
河南宜阳县孙氏、陕西省洛川县杨氏也有先祖打锅的传说。台
湾著名作家柏杨在他的一本书中写道："现代的辉县人，尤其是
居住县城东北六公里的常村郭姓居民，他们所有的记忆，最远
追溯到五百年前那个令人作呕的明王朝初年。那是一个无边无
涯的大黑暗时代，整个中国北部大约五百万平方公里，比一百
五十个台湾都要大的面积上，发生被贪官污吏制造出来的恐怖
饥荒、旱灾、蝗灾，所有含叶绿素的叶子，全被啃光。大地如

焚，河水干枯，一片焦土。饥饿的灾民，互相交换子女，烹杀煮吃，当孩子们都被吃尽的时候，他们吃观音土——一种白颜色的松软石头。这种观音土经水煮过，会变成糨糊，人们把它喝下去，暂时填满肠胃，可是不久它就凝结，恢复成石头硬块，既不能消化，又不能排出，直到一个一个活活胀死。"

明代大槐树迁民之后裔经过几代、十几代，大都不知道被迁前是何村何地，但都知道"大槐树是故乡"，这一点至今谁也没能忘却。移民在离开大槐树时恋恋不舍，到达新的定居地点后，他们大多栽种了槐树，借以寄托自己对家乡的怀念。河北省河间县申鲁村高氏先人在自己家门口栽了一棵移民纪念槐树；保定府西关谢德先开了名叫"老槐茂"的酱菜铺；河南确山县有槐树庙村、大槐树村、槐树庄村；河南省伊川县城关镇闵店有槐树街。据说，明朝洪武年间，朝廷从山西省洪洞县往黄河南大规模迁民、移民中，一人姓王，一人姓李，禀性相投，结为好友。二人相约来到龙门山南伊河西岸一渡口处，筑灶搭庵，开荒种田。因离老家时是从洪洞县广济寺的大槐树下出发的，所以他们对槐树具有很深的眷恋之情。定居之后，他们就在村头植下几株槐树，数年过去，槐树遮天蔽日，郁郁葱葱，他们就把槐树与渡口联在一处，把村子取名叫槐树渡。后来，人口增多，村庄扩大，形成街道，渡口却日久废弃，槐树渡逐渐演变为槐树街。

古槐，伴随着人们的繁衍生息而渐渐长大，古槐也成为历史的见证。古槐移民更是在家庙、祠堂的楹额上铭记了纪念的文字，以表达自己的思念之情。山东菏泽固堆袁家祠堂墙碑曾刻有洪武二年（1369）袁公正《题望槐思乡》诗："昔日从戎驱鞑虏，今朝屯田太行东。洪洞分支老门第，曹州安居旧家风。古岗植槐三五株，铭记晋中父老情。卧雪传说流千古，后昆霞蔚赛劲松。"河南焦作市刘氏祠堂匾额书："派衍洪洞。"河南偃师县牛氏家庙大厅的楹联写着："十八祖平阳世泽，五百年亳西名门。"河南省濮阳县习城乡胡寨村胡氏祠堂内始祖像两旁的对联：横批是"永言孝思"，右联是"念先祖离洪洞单车匹马昔时苦"，左联是"怀世宗居曹州枝繁叶茂今日荣"。河南省武陟县小东乡大淘村孙氏牌位对联："祖洪洞支迁沁左，籍山西裔延河南。"河南偃师县寇店韩寨村《赵氏宗谱》说：始祖兄弟四人，起名"经、营、槐、显"，"显"意为"乡"，合起来就是"经营槐乡"。

据山东省莘县张寨乡申庄人说，该村先祖是从山西迁来的。明洪武初年，朝廷下令由山西洪洞县迁民到太行山东一带垦荒。当时洪洞县大槐树下有一申姓家族和曰姓家族，均在东迁之列。农民久居此地，故土难离，大多不愿迁移，官府便派人强行东迁，不迁者诛灭满门。在高压之下，申姓家族决定顺令东迁。本是同姓聚居的家族，到山东后可能被安排得七零八落，分手之际，男女老幼难免痛哭流涕，依依惜别。申姓长者劝慰大家："奉旨东迁，垦荒谋生，实为利国利民的好事。山东乃圣人之乡，礼仪之邦，又有肥田沃土。洪洞县人多地少，不利家族繁衍；去山东顺乎君心民意，何乐不为！"上路前，长者命人搬出大铁锅、大铜锅各一口，亲手用锤砸成若干片，命主人各持一铁锅片，仆人各持一铜锅片，相约道："他年相聚，对片成锅，方认一家。铁、铜之分，为主仆标记。"安排已毕，申姓家族扶老携幼，车推担挑，踏上了不知尽头的东迁之路。刚行不远，忽听后面有吵嚷之声，申姓长者回头看时，见一队官兵正追逐一群百姓。细看之下，才知被追的是与申姓相邻的曰姓家族。原来曰姓家族留恋故土，不愿东迁，违背皇命，犯下了灭族之罪。逃难人群接近申姓家族时，曰姓长者情急生智，急令本家族人："将曰改申，加入申姓队伍。"申姓长者也主动掩护，他厉声告诉追兵："我们都是申姓家族，奉旨东迁，为何苦苦追赶？"追兵一时被搞昏了头，无计可施，只得回去复命。曰姓家族免去了灭门之祸，感激万分。途中两姓互相照顾，亲如手足，同行在东迁的大道上……

当年山西移民东来时，大多异姓结伴而行，共同觅地建村聚居，因此新建之村多冠以姓氏。当时山东省西部有几户杨姓人家在朝城北约三华里处定居，取村名杨庄，后又有史姓人在附近建村，因其地比较低洼，便取村名"史家洼"。初建村落，难免缺这少那，遇上许多困难。移民来时，一般只带些衣物锅碗，农具则一无所有。后来慢慢置办一些，一时也很难齐备。特别是大件农具，价格较高，购买不易，往往要节衣缩食三五年甚至七八年才能购进一件。当时杨庄人经过几年努力，联户拴了一辆大车，一时买不起牛，外村人便把杨庄叫"杨没牛"。史家洼则只买了一头牛，多年没能拴起车，外村人便戏称其"史没车"。可喜的是，一个有车没牛，一个有牛没车，这种"瘸腿"现象却促成了两村自发的联合。两村把车和牛配起套来，轮流拉土、送粪、运庄稼、串亲戚，协调得如同一个村，赶上大忙季节，两村相互推让，尽量让对方先用。杨家用时，总是用好草好料喂史家的牛，连一下重鞭也舍不得打，生怕弄掉一根牛毛；史家用时，尽量少装载，走好路，遇上坎坷道，就牵牛慢行，惟恐弄坏了杨家的车。这样合作了几年，牛养得膘肥体壮，车保养得完好如新。史杨两村亲密无间的合作，在朝城一带传为佳话。史家因地处低洼，每逢水患，就去杨家躲避。后来，史家迁居到邻村，杨庄村址也有变更。不论地理位置如何变化，史杨两家却始终保持着友好的睦邻关系，从古至今，相沿不衰。

明洪武年间，山西洪洞县有一批移民来到张鲁西北的马颊河畔，见这里水草丰盛，土地平坦，人又稀少，便决定在此定居。为占风水之利，他们皆傍河造屋，一伙人住在北岸，一伙人住在南岸。初始无村名，时间一久，人们便以地理位置指代，住河北的叫北岸头，住在河南的叫南岸头。两村人定居下来之后，为防河水之患。首先加高加固堤防，辛勤管水治水。经过几年努力，河水不复为患。两村人凭借靠河的地理优势，开荒种田，衣食渐丰。日子好了，便有人送孩子到邻村读书。再后来，本村也办起了私塾，请人执教。许多年后，村里竟有两名学子学业精深，连连登科，这两位官员位高不忘故土，他们组织人进一步治理河道，引水灌田，并拿出自己的俸银资助。从那以后，这里年年五谷丰登，鱼肥虾多，人们安居乐业。两个村子年长人一商量，认为原村名"岸头"太土，便用谐音法，取安居乐业中的"安"字代替"岸"了。从此，南岸头、北岸头便改成了南安头、北安头，一直沿用了下来。

明永乐年间，有几户农民从山西洪洞县迁来，定居在山东省西部燕店北边的马颊河畔，建房造屋，开荒种地，勤俭度日，子孙繁衍，渐渐成村。为求个吉利，大伙合计着起个好听的村名。有的说叫"富贵村"，祈求大福大贵，人寿年丰；有的说叫

"金银庄"，希望财源旺盛，金银满村。一位读书人不同意这些名字，他说："直言金银富贵，太露太俗。祈求吉利，要含而不露，平而不俗。村名要有农家气味而又不失文雅，以免贻笑大方。"为了触发灵感，他登上河堤，四下眺望，但见蓝天碧水，绿茵似毯。看着看着，读书人禁不住心旷神怡，手舞足蹈起来，口中悠悠念着："幽哉美哉，如果再有座山，简直可以叫'野舍'了！"什么叫"野舍"？大伙不解其意。读书人说："东汉经学大师郑玄说过：野舍，王行所止舍也。古代帝王出京巡行的临时住所，习称野舍。野舍多建于风光秀美之处，如今我们这里风景如画，村名叫'野舍'，是再合适不过了。只是怕皇上知道了，要犯欺君之罪。可我们这个地方，地处偏僻，天高皇帝远，就是叫个'野舍'，皇上也不会得知。"于是，村庄便以"野舍"为名。世上没有不透风的墙，没过几年，皇上竟然耳闻此事，龙心不悦，立派官员查询。钦差来到野舍村，问明原由，把读书人叫来斥责道："一个小小村庄，竟敢妄称'野舍'，我来问你，皇上何时驾临过此地？"读书人吓得魂不附体，战战兢兢地答道："小人知罪，小人知罪。皇上确实未曾驾临此地，我只是想托圣上洪福，图个吉利，让大家都能过上富足的日子，其实没有别的意思。再说，一般村舍有时也称'野舍'，小人读过的书中就有'野舍老余生，雅尚今已惬'的诗句，请大人明察。"钦差大人怒气稍息。说道："看你也是个老实人，怪可怜的。老夫回朝在皇上面前美言几句，可免治罪。不过，'野舍'之名不可再用，以后就改名叫'野庄'吧。"读书人和众百姓叩头谢恩，从此"野舍"便改称"野庄"。但是，由于"野"字和"爷"字读音相近，后来又引出了一个小小的误会。道光末年，阴雨连绵，马颊河水陡涨，河堤决口，泛滥成灾，房屋成片倒塌，庄稼大多被淹，百姓哭叫连天。当时的莘县知县郑景福为了查清灾情，带了几名衙役随从，骑快马顺河堤巡视。跑了一天，已是人困马乏。最后来到野庄，本想歇息一下。远远看见堤上站着一个农夫，衙役问道："这是什么村庄？"那农夫眼看一片汪洋，五脏俱焚，有口难言，嘴张了几张，竟没有说出话来。县令不耐烦了，大声喝问："我问你这是啥村！"那农夫这才如梦初醒，哆哆嗦嗦地答道："是……野……庄。"知县一听来了气："什么爷庄，简直戏弄本官。从今后把'爷'字去掉，就叫孙儿庄。"随手扔下个纸条，上马回衙去了。农夫拾起纸条，找读书人一看，上面写道："爷庄立改孙儿庄——知县张。"父母官命改村名，百姓怎敢不依，碍于其中"儿"字不雅，便顺音换成"二"，从此后，"野庄"就变成了"孙二庄"。

湖北随州一带还流传着这样一首民谣："山西的山，山西的水，山西古槐是乡里。槐树大，大槐树，大槐树下我们住。双小趾，手背后，远离山西大槐树。娃呀娃，你莫哭，山西有俺的大槐树。祖祖辈辈住山西，娃长大了也回去。"

在河南南阳广泛流传着这样一首歌谣："房前种上大槐树，不忘洪洞众先祖。村村槐树连成片，证明同根又同源。春天里来吃槐花，味道鲜美人人夸。山西习俗带南阳，不忘洪洞是老家。"

四川乐山市沙湾区郭沫若旧居的二道门，门楣上一黑底金字大横匾"汾阳世第"赫然在目，横匾引起了不少游客的注意。郭老五十年代参观杏花村汾酒厂时曾说其先人是山西人。郭老是否真是挽救一代危亡的唐朝名将郭子仪的后代，尚无研究。

郭子仪平定安史之乱，再造唐室，建立了奇功。唐肃宗李亨在上元三年封他为"汾阳王"，屯兵绛州，因此世人称之为郭汾阳，以致民间相传郭子仪是汾阳县郭家庄人。因汾阳是郭氏根之所在，汾阳县古代被称作汾阳之邑，其后人均公认汾阳县是郭子仪食邑之地。另一说在今新绛县北，新绛县境现还有汾阳洞等地名。

清朝末年，那个曾经上疏变法，兴办洋务运动，因而在近代史上颇有名声的张之洞，也是洪洞移民的后裔之一。时人胡钧曾撰写了《张文襄公年谱》谈道："公讳之洞，字荐达，号香涛……先世山西洪洞县人，明永乐二年，迁山右民实嵌辅。"张之洞的先祖也从洪洞县迁来，从洪洞县迁移到当时河北的郭县（现属通县）。先祖名张本，本生子张立，立生子张端，张端在南直隶繁昌县狄港当巡检，又从郭县迁移到天津南皮县东门印子头，号称"东门张氏"。

中华人民共和国十大元帅之一徐向前，是山西五台县人。在他所著《历史的回顾》中写道："听长辈讲，我家祖上是几兄弟从洪洞迁居，落脚五台山下。永安村的徐姓属迁居始祖的第三分支之后裔。到我这一辈是十九世孙。"

原任国务院总理的温家宝，其祖上也是洪洞县大槐树移民。据《温氏家谱》记述："吾温氏原籍山西洪洞县之大槐树村，明季永乐年间因大河以北兵灾连年，死亡过甚，遂由各处移民以实河北，我先世亦于是时始迁宝坻县之刘快庄，既又徙今之宜兴埠。"温氏家族刚迁徙到宜兴埠时，那里尚是河塘相连的鱼米之乡，其合族当初不是以种粮为生，而是以捕鱼为业。但到1941年，温氏家族重修家谱之时，宜兴埠当年的鱼米之乡景象已然不复存在。现在再看，当然更是黄土遍地。清朝中业，由于地方治安不靖，温氏族人为捍卫乡间，开始练习武艺。及至道光年间，温氏家族的武功，已是远近闻名，族人中曾经屡出武状元。温氏家谱中写道："智泉公遂以武学大魁天下，湘泉公以剿平捻匪功当给头品顶戴花翎，化周公中式甲辰进士，历任山东登州统兵，武功政绩振振一时。至今街有祖遗盔钟弓刀永为世宝。"到清朝晚期，温氏族人的努力方向亦发生了变化。从润齐公开始，由武转儒，着力研究理学，而身为妇人的徐夫人熟娴经史。此后，温氏合族遂以耕读为务，家风因之一变。清末民初之时，温氏家族读书人层出不穷，有的更远洋留学于欧洲。

随着一次次向海外移民的浪潮，洪洞移民后裔中，也有不少人迁到东南亚、欧美等国，特别是流迁到和大陆一衣带水的台湾省。当蒋家王朝离开大陆，随其登上孤岛的人中，自然不乏洪洞移民的后代。虽然时移境迁，移民后裔依然在关注着祖国的变化。这种怀念故土、眷恋古槐的情结在海外文人学士中尤为突出，各种有关记述散见于海内外各类报章杂志中。例如，祖籍河北高阳县的齐如山，在回忆录中这样写道："吾族于明永乐二年由山西洪洞县迁来。山东、河北两省于该时迁来者不少。大家都说是由大槐树底下迁去的。清朝末年，有许多河北的军官重回山西，又寻到大槐树之所在，盖当时迁民时，都在此处聚集，再往各处出发。所以众口一词说大槐树底下是家乡。"台湾的李书华先生在《李石曾先生及少年时期》一书中写道："李氏原为山西洪洞县人，明永乐二年迁至河北高阳县。"祖籍河北深县的李金洲在《海外忆往补遗》中自认："李氏家族自明初燕王朱棣定居河北后，由山西洪洞移民来此。"

（二）"铁锅申"的传说

从我们目前收集到的中村清代（后于1962年重抄）《申宅家谱》（申十三后代）、中村申氏《家谱》（中村楼上申家）、潞城天贡村清代申氏《世谱》、平顺县安乐村清乾隆四十三年（1778）《申氏族谱》等有关材料记载及口头传说，申氏祖先是潞城天贡人，原为元末明初时的京官，是个生养有18个儿子的大户人家，明代初年时因祸避难，将全家分散到各地居住。离别时将一口大锅砸成18块，每户携一块各自逃难，作为以后阖家团圆相认的凭证，所以称为"铁锅申"或"大锅申"。天贡申家的后代迁徙于上党地区各地，形成一个区域性家族。

中村的申氏在明初自潞城县天贡村迁入南村，后迁入中村定居，从始祖申十三开始，至今已繁衍到了19代。申十三有二子（聪、明），第四代时有七子（朝、进、及、第、登、科、化），第七世时成字辈时发展成三十门，第八世五十余子，成为一个大家族。第八代时约是清乾隆二十五年（1760），族中路牛氏受旌表为节妇，据申家墓地出土申受祉墓碑载，庚辰科进士申受祉曾在广东儋州做官，乾隆六年时当地遭灾荒，他出其所有赈济灾民，得到乡党的称赞。第十世以后，族中人选为拔贡、附生、增生者比比皆是。以八世为清乾隆二十五年计算，每代以25到30年推算，申氏迁入中村约在明嘉靖中即1532年，第四代最旺盛的时期也就是申家第七、八代之间，其后至嘉庆十九年（公元1814）开始衰败，从兴盛到衰败存在约270年。其兴盛、衰败与发展与潞商的发展轨迹颇为相合。

从历史的考察看，中村已有六百多年的历史。中村申氏自

明代中叶迁居中村后，渐渐形成一个庞大的家族，明末清初时
其生意达到鼎盛，成为当地大富的豪商，族中名人显贵代不绝
续，商场、官场都很得意。申家定居于此后，先以种田谋生，
后以制醋为业。其后经营贩盐、贩粮、铁业、丝绸业、布店等，
起家后还经营当铺、仓储、客栈等产业，逐步成为富甲一方的
潞商，是个典型的商人家族。据村中老人们传说，申家当时有
32 个字号，生意做到了全国二十多个省，是一个生产和销售于
一体的家族性商家。在其商业的最盛时，月月开镖，"日进镖银
千两"，富冠当地。申家的二十四院就是其生意最兴盛时的产
物。清代中期以后，由于潞商在事业上的逐渐萎缩，产业转移，
至清末时申家家境衰落。

七　清朝——南迁台湾、东南亚及欧美等地；北迁东北

清初，闽、粤一带的申姓开始陆续有人迁至台湾、东南亚
及欧美等地。亦有豫鲁一带的申姓迁入东北。如今，申姓在全
国分布甚广，尤以河南、山东多此姓，两省申姓约占全国汉族
申姓人口的 43%。申姓是当今中国姓氏排行第 123 位的姓氏，
人口较多，约占全国汉族人口的 0.11%。

第二章

申氏历史名人（商代—战国）

申氏家族在历史上到底出现过多少的杰出人物？现存的相关文献材料有清楚的记录。1999年出版的《中国历代人名大词典》上共计收集了申氏名人85名，《二十四史纪传人物索引》收集有38人，其中《中国历代人名大词典》没有收录的有9人，《二十五史纪传人物索引》收集有41人，其中《中国历代人名大词典》没有包括的有6人，《万姓统谱》收集有52人，其中《中国历代人名大词典》没有包括的有17人。还有在族脉网论坛网址上又找到未见记录的2人。根据这四本书的记载和族脉网论坛网址的记载，去除重复的，去除3个外姓封为申王（李存渥）和申懿王（朱祐楷）和公主申福帝姬，共计收集申氏家族杰出人物有116名。这116人中还包括申屠氏18人、申徒氏4人、申公氏2人、申章氏1人、申鲜氏2人、申叔氏2人等29人无法鉴别是否属于申氏的人物在内。

一 西周时期 3 人：申伯 申侯 申氏女

申 伯

（一）生平简介

申伯，西周厉王至宣王时期人，周宣王之元舅也。西周著名政治家、军事家，南申国（今河南省南阳市）开国君主。

（二）主要事迹

1. 南申国（今河南省南阳市）开国君主

西周宣王（前827—前782）时，为了遏制"南土"楚国势力的崛起，又能"封建亲戚以蕃屏国"，宣王于公元前827年或稍后改封其舅申伯于南阳，建立申国。

南阳，原为西周谢国封地。为了新建申城，宣王命召伯虎从淮夷前线调至南阳，"于邑（城垣）于谢"，"定申伯之宅（宫室）"，营建先王"寝庙"，划定"申伯土田"。

申伯就国的时候，宣王为其举行了盛大的欢送仪式，大臣尹吉甫作《崧高》一诗歌咏其事，此篇后收入《诗经》。

申伯就国南阳后，改进石、陶生活用具，发展金属生产工具，扩大黄牛饲养，鼓励国人垦荒。同时调整防御思想，加强战车与水军建设，有效地阻止了楚国势力的北进，为南阳农业、手工业的发展奠定了基础，同时也为"宣王中兴"作出了贡献。

南申国开始只是一个小国，对周朝并没有什么影响力。但到周厉王时，申伯却有了辅助社稷的机会，周厉王是一个暴君，"防民之口甚于防川"就是针对他的统治而言。厉王的暴政终于导致了民变，厉王逃往彘地（今山西霍县）避难，朝政由周公、召公、申伯等人摄行，史称"共和行政"。

西周末年，周幽王废申后所生之子宜臼，立褒姒之子伯服为太子，引起了申侯（申伯之子）的不满。申侯与缯国、西戎联合伐周，导致西周的灭亡。公元前770年，申侯立太子宜臼为周王（即周平王），迁都洛邑，再次充当了扭转乾坤、开辟新时代的角色。

2. 尹吉甫作《崧高》欢送申伯

《崧高》（尹吉甫赞申伯的诗）申伯封于谢，周宣王大加赏赐。尹吉甫写诗表示赞美，并为申伯送行。

崧高维岳，骏极于天。维岳降神，生甫及申。

维申及甫，维周之翰。四国于蕃。四方于宣。

亹亹申伯，王缵之事。于邑于谢，南国是式。

王命召伯，定申伯之宅。登是南邦，世执其功。

王命申伯，式是南邦。因是谢人，以作尔庸。

王命召伯，彻申伯土田。王命傅御，迁其私人。

申伯之功，召伯是营。有俶其城，寝庙既成。

既成藐藐，王锡申伯。四牡蹻蹻，钩膺濯濯。

王遣申伯，路车乘马。我图尔居，莫如南土。

锡尔介圭，以作尔宝。往近王舅，南土是保。

申伯信迈，王饯于郿。申伯还南，谢于诚归。

王命召伯，彻申伯土疆。以峙其粻，式遄其行。

申伯番番，既入于谢。徒御啴啴，周邦咸喜。

戎有良翰。不显申伯，王之元舅，文武是宪。

申伯之德，柔惠且直。揉此万邦，闻于四国。

吉甫作诵，其诗孔硕。其风肆好，以赠申伯。

（三）历史评价

1. 史籍记载

关于申伯，《今本竹书纪年》（以下简记为《竹书》）有如下记载值得关注：

　　周孝王元年辛卯春正月。王即位。命申侯伐西戎。

　　周宣王七年。王锡申伯命。……四十一年。王师败于申。

　　周幽王五年，王世子宜臼出奔申。……九年。申侯聘西戎及鄫。……十年春。王及诸侯盟于太室。秋九月，桃杏实，王师伐申。十一年春正月。日晕。申人鄫人及犬戎入宗周。弑王及郑桓公。犬戎杀王子伯服。执褒姒以归。申侯鲁侯许男郑子立宜臼于申。

　　周平王三十三年。癸卯。晋孝侯元年。楚人侵申。三十六年。卫庄公卒，王人戍申。

2. 历史评价

申伯是西周著名政治家、军事家，南申国开国君主。

申　侯

（一）生平简介

申侯，西周末午南申国之君。男，姜姓，相传为伯夷之后，居今陕西山西间。申国（今河南南阳）侯爵，生卒约公元前771年前后，其女原为周幽王王后，生子宜臼，被立为太子。

（二）主要事迹

西周末年，周幽王宠爱佳人褒姒，把正宫申后打入冷宫，将申后之子太子宜臼废为庶人，激起国丈申侯不满。奸臣虢石父借机向周幽王进谗言。周幽王在盛怒之下，准备兴兵伐申。申侯自知国小兵弱，势孤力单，不能与周匹敌。于是采用先发制人之谋，乘周幽王的军队尚未出动之时，借戎兵1.5万，将周都镐京包围。周幽王因准备未绪，举烽火求援无一响应，被申戎联军打得大败。周幽王、虢石父、新立太子战败被杀，西周灭亡。幽王死后，申侯、缯侯、许文公等共立原太子宜臼于申，迁都到洛邑，是为周平王。东周建立。

（三）历史评价

申侯是西周末年南申国之君。但也有一种说法，四岳之后被世人称申侯。夏朝时，四岳之后被封于申，为侯爵位，世称申侯。申部落申人以电为图腾（吕以云，申以电，申字就是闪电形，说明两族的双胞关系），曾居于陕西山西之间。周武王仍封伯夷的后人为申侯（今河南南阳市。遗址在唐河县湖洋镇苍台乡谢家庄），其子孙以封地为姓氏，称为申氏。

申氏女

（一）生平简介

申氏女，西周时期召南人，生卒无考。

（二）主要事迹

申氏女因夫家没有准备礼品迎亲而拒绝出嫁，以至坐牢而不顾。

《列女传卷》之四《贞顺传·召南申女》有如下的记载：

　　　　召南申女者，申人之女也。既许嫁于酆，夫家礼不备而欲迎之，女与其人言："以为夫妇者，人伦之始也，不可不正。传曰：'正其本，则万物理。失之毫厘，差之千里。'是以本立而道生，源治而流清。故嫁娶者，所以传重承业，继续先祖，为宗庙主也。夫家轻礼违制，不可以行。"遂不肯往。夫家讼之于理，致之于狱。女终以一物不具，一礼不备，守节持义，必死不往，而作诗曰："虽速我狱，室家不足。"言夫家之礼不备足也。君子以为得妇道之仪，故举而扬之，传而法之，以绝无礼之求，防淫欲之行焉。又曰："虽速我讼，亦不女从。"此之谓也。

颂曰：召南申女，贞一修容，夫礼不备，终不肯从，要以必死，遂致狱讼，作诗明意，后世称诵。

(三) 历史评价
申氏女坚持原则，是申氏家族中烈女第一人。

二　春秋时期 21 人：申丰　申鸣　申繻　申无宇　申亥　申包胥　申舟　申犀　申蒯　申党　申枨　申须　申巫臣　申公巫臣　申公寿余　申徒兀　申叔仪　申叔时　申叔豫　申鲜虞　申徒嘉

申　丰

(一) 生平简介
申丰，春秋时期鲁国人，男，生卒无考。季氏家臣。

（二）主要事迹

申丰的主要事迹在《左传·襄公二十三年》有具体的记载。当时季武子没有嫡子，儿子中只有公弥年长，但季武子不喜欢他。季武子只喜欢悼子，还想立悼子为嗣子。申丰是季氏的家臣，季武子找来申丰商议，申丰不与季武子商谈立悼子为嗣子的事情。后来，季武子再一次找到申丰，想与他商议。申丰借言要乘车外出，不与商议。在这种情况下，季武子只好中止了立悼子为嗣子的事情。

（三）历史评价

申丰做为季氏家臣，对于立嗣子的事情，采取非暴力的不干预的态度，从而取得了预期的效果。对于他的聪明才智，值得效仿。

申　鸣

（一）生平简介

申鸣（？—前479），男，春秋末期楚国人。家居于澧。为原楚国大夫，春秋时期楚惠王相。白公胜作乱，申鸣辞别父亲，率军围攻白公胜，白公胜劫持申鸣的父亲威胁申鸣。申鸣说："过去我是父亲的孝子，现在我是国君的忠臣。"挥军进攻，杀死了白公胜，申鸣的父亲也死了。楚王要奖赏申鸣，申鸣说："享用国王的俸禄而回避危险的不是忠臣，安定国家却杀死父亲的不是孝子。"就自杀了。成语"因与之语"即出自申鸣的故事。"因与之语"成语的意思就是用这个来要挟他。

（二）主要事迹

西汉刘向《说苑》卷四《立节》有这样的记载：

　　楚国有一个士人叫申鸣，在家奉养他的父亲，全楚国的人都知道他的孝行。楚王想请他做宰相，申鸣辞谢了。他的父亲说："楚王想请你做宰相，你为什么不接受？"申鸣答道："不作父亲的孝子，而要做王的忠臣，为什么？"他的父亲说："造福于国家，在朝廷里有地位，你很愉快我也没有忧愁，所以我要你做宰相。"申鸣说："好的。"于是就上朝去。楚王就请他做宰相。

　　过了三年，白公作乱，杀了司马子期，申鸣将去为楚王战死沙场，他的父亲阻止他，说："丢开父亲，自己去牺牲，可以吗？"申鸣说："听说作官的人，身体归人主所有，而俸禄送给双亲，现在既然抛开人子的身份而去侍奉人主，难道不应该为他牺牲吗？"于是就辞别双亲而去，并用兵去包围白公。

　　白公对石乞说："申鸣这个人是天下的勇士，现在用兵包围我，我应该怎样办才好？"石乞说："申鸣是天下的孝子，用武力去劫持他的父亲，申鸣听到了这消息一定要来。"白公说："好的。"就立刻用兵去劫持他的父亲，并告诉申鸣说："你同意我，我同你分楚国；你不答应我，你的父亲就要被杀。"申鸣流下眼泪说："当初我是父亲的孝子，现在是人主的忠臣；我听说，吃那个人的饭要为那个人而牺牲，接受俸禄，要尽自己的能力去做，现在我不可能做我父亲的孝子了，还能不做国君的忠臣吗？"拿起鼓槌来击鼓，杀掉白公，他的父亲也被杀了。

　　楚王赏给他一百斤金，申鸣说："吃人主的饭，又躲避人主的难，不是忠臣；为安定人主的政权，而杀了父亲，不是孝子；不可能同时兼备两种名分，不可能同时保全两种行为。如果这样活着，还有什么面目立于天下？"于是就自杀了。

申鸣死后，惠王觉得很伤心，便按照国家的规定，把申鸣葬在楚国南国地方（即今临澧合口镇），封其子孙，还在申鸣当年为"士"的地方（即今新安古城村），筑起一座纪念申鸣的城。

申鸣古城城址位于临澧县新安镇古城村。平面呈长方形，东西残长约500米，南北残宽约300米。夯土城垣残存7段，高约3米、宽4米。有着丰厚的文化底蕴和悠久的历史文化传统，是楚文化的重要发祥地之一。

（三）历史评价

远在春秋时期，申鸣古城是楚国重要的经济文化中心，楚国大夫申鸣及其子孙后代在古城倡导的"孝义、尚友"的申鸣精神世代在古城社区传承。

申　繻

（一）生平简介

申繻，春秋时期鲁国大夫，男，生卒无考。繻为其名，申或为其氏。申繻在春秋中出场次数不多，其事迹见于鲁桓公、鲁庄公两朝，只有三件事，但每件事都表现出其人之睿智博学。

（二）主要事迹

1. 论取名

鲁桓公六年（前706）九月，其夫人文姜生下长子姬同

（后来的鲁庄公），鲁国为此举行了隆重的祭祀和庆祝仪式。在行礼之前，桓公向博学的申繻请教给自己的嫡长子、未来的鲁国国君取什么名字。申繻答曰："名有五，有信，有义，有象，有假，有类。以名生为信，以德命为义，以类命为象，取于物为假，取于父为类。不以国，不以官，不以山川，不以隐疾，不以畜牲，不以器币。周人以讳事神，名，终将讳之。故以国则废名，以官则废职，以山川则废主，以畜牲则废祀，以器币则废礼。晋以僖侯废司徒，宋以武公废司空，先君献、武废二山，是以大物不可以命"。公曰："是其生也，与吾同物，命之曰同。"

这是目前所见的关于中国古人取名的第一次总结。名字的种类有五：

所谓信，就是初生时所带来的特殊标记。比如身上的胎记，手掌的特殊纹路，乃至特殊的日子，等等。比如唐叔虞，其手掌纹路有字形曰虞，故名之曰虞；鲁季友出生，其手掌纹路有字曰友，故名之曰友。诸如此类。

所谓义，就是以祥瑞之字名之。如周文王名昌，周武王名发，皆此类也。

所谓象，就是以相似之物名之。如孔子名丘，据说是因为"生而首上于顶"（史记 孔子世家），脑门比较高像土丘，故名之曰丘。

所谓假，就是以万物之名假托之意。如春秋时很多人名曰杵臼（宋昭公，晋之公孙杵臼），就是取杵臼之坚实不坏之意；孔子名其子曰鲤，亦此类也（因诞生时鲁昭公赐孔子一尾鲤鱼而得名）。

所谓类，就是取和其父亲类似的名字。如鲁桓公和其太子同日而生，故名之曰同。

另外申繻还说，取名字有一定的忌讳回避原则，最好不要以大的、重要的事物来命名。因为依照周人风俗，对神的名字是要避讳的，所以国君之类的重要人物死后为神，将进入祖庙接受祭祀，他的名字就必须避讳。所以用国命名就会废除国名，用官命名就会更改官职之名，用山川命名就会改变山川之名，用牲畜命名就会废除祭祀。比如晋僖侯名司徒，故僖侯之后晋国就不再置司徒之官；宋武公名司空，他死后宋国就废掉了司空之官；鲁献公姬具，鲁武公姬敖死后，具山，敖山（都在鲁国境内，在今山东省蒙阴县）也得跟着改名。

鲁桓公听了申繻的道理，有了主意："这孩子的出生，和我是同一日子，也给他命名叫'同'吧。"

2. 谏桓公如齐

鲁桓公十八年（前694）春，桓公想和夫人文姜一起到齐国访问，申繻坚决反对。文姜与其兄齐襄公瓜葛不清之类的传闻，估计在鲁国已经不是新闻了，妻子红杏出墙，丈夫总是最后一个知道的。于是申繻找到一个堂而皇之，义正词严的理由劝说桓公不要去齐国：女有家，男有室，无相渎也，谓之有礼。易此，必败。

其实申繻的话里已经委婉的道出了男女相渎的内情，以及此行的风险。但鲁桓公没听出来，也许是被文姜迷倒了，不愿意相信吧。总之，鲁桓公还是义无反顾的踏上了去齐国的不归之路。在齐国，他终于伤心地发现了妻子和他大舅哥的奸情，齐襄公也因为奸情败露，而派公子彭生暗中将他杀死在归国的路上。

3. 论内外蛇斗于郑南门

这件事大约发生在鲁庄公八年，在郑国都城的南门有两条蛇缠斗，结果城门外的蛇把城门内的蛇咬死了。这件怪事传遍了各个诸侯国。到了鲁庄公十四年，原先被赶下台但割据于栎邑（郑国的大邑，在今河南省禹县）多年的郑厉公杀回郑国都城，杀死了国君子仪，重新执掌郑国。

城内的合法政府居然斗不过割据城外的流亡政府，联系起六年前内外蛇相斗的怪事，鲁庄公不由得怀疑这里面是否有妖怪在作祟。所以他就问申繻："犹有妖乎?"申繻对曰："人之所忌，其气焰以取之，妖由人兴也。人无衅焉，妖不自作。人弃常则妖兴，故有妖。"

其实申繻是不太相信有妖怪存在的。这一点和孔子类似（《论语》"子不语怪力乱神"），也是儒家对待超自然现象的一贯态度。申繻说：人都是畏忌妖怪的，所以人的气焰萎顿时，妖气就张扬；人的气焰炽烈时，妖气就偃息。妖怪只有在人失常态的时候才会兴风作浪。只要做好人事，行得正，走得直，妖怪是不能奈何人的。

其实郑厉公能够战胜子仪，主要是因为国人的人心向背，以及国际上的支持。硬要和内外蛇相斗的怪诞之事联系，是不能了解事实，也无法指导未来的。申繻能以务实清醒的态度点拨国君，在当时迷信蒙昧的时代，是非常难能可贵的。

（三）历史评价

申繻的睿智博学，是值得称道和效仿的。有人称申繻为先知，也是不过份的。

申无宇

（一）生平简介

申无宇，春秋时期楚国的大夫。男，生卒无考。公元前543年，时为令尹的王子围杀死薳掩，申无宇预言楚国要内乱。公元前541年，王子围杀郏敖成为楚灵王。公元前535年，楚灵王建章华之台。有盗贼逃到章华之台，申无宇进台抓贼处死。楚灵王怪罪申无宇进宫抓人无礼，申无宇强调他是依法办事，楚灵王是藏匿罪犯。楚灵王没有责罚申无宇。公元前531年，楚灵王灭陈国、蔡国，以弟弟王子弃疾为陈蔡公，申无宇说王子弃疾会尾大不掉。公元前529年，王子比作乱，王子弃疾不救，楚灵王自杀，申无宇的儿子申亥念楚王宽容的对待他的父亲，一直追随楚灵王，最后将楚灵王收葬。

（二）主要事迹

楚国的申氏家族很了不起，据说他们是尧舜时代四岳的后裔，这一点似乎决定了他们为臣为民的敬业。他们跟国君的关系也因此变得亦师亦友。这种敬业甚至使其家族中出现了一大批先知式的人物，为官有远见，为事有定力，进退有方。申无宇就是其中一人。

公元前543年，楚康王的儿子、野心勃勃的公子围把楚国的大司马薳掩杀死，并霸占了其家产。对这一事件，申无宇评论说："王子必不免。"公子围免不了遭殃。申无宇的理由是，善人是国家的栋梁，王子辅佐楚国，应该扶植善人，但现在却虐待他们，这是危害国家。公子围这么做，太不吉祥，故会遭殃。

　　这是最早对公子围的命运进行的预言之一。与其说申无宇是一个先知，不如说他是一个职业官僚，他的预言出于宦海经验。公子围在当时的楚国权势熏天，两年后，他不甘居一人之下，而弑王自立，即后来的楚灵王。

　　申无宇并非只是一个靠边站的大臣，只会在一边说风凉话。实际上，他在楚国君臣中的声望是很高的。在楚灵王还是公子围，只是做楚国令尹的时候，申无宇就是一个敢作敢为的人。当时的公子围不满足于令尹的仪仗，出行总想与众不同，有一次甚至用国君的旌旗去打猎，申无宇见了，当即把旌旗砍断，他的理由是："一国两君，其谁堪之？"这大概是后来中国人天无二日、士无二王、家无二主一类权力哲学的最早表述。

　　公元前531年，楚灵王在陈地、蔡地、不羹等处筑城，派他的小弟弟、为楚国立下汗马功劳的公子弃疾做蔡公。为此，楚王向申无宇征求意见。先知申无宇再次名言迭出："择子莫如父，择臣莫如君。"他举例说，郑庄公在栎地筑城安置了子元，使昭公的位子坐不稳。齐桓公在谷地筑城而安置了管仲，到现在齐国还得到利益。"五大不在边，五细不在庭。"五种大人物不在边境，五种小人物不在朝廷。亲近的人不在外边，寄居的人不在里边。现在国君的弟弟弃疾在外边，国君应该注意才好。

　　楚王循着申无宇的思路问了下去，国都城墙高大，怎么样？申无宇的回答是，在郑国的京地、栎地发生了郑昭公被杀事件，在宋国的萧地、亳地发生了宋公子子游被杀事件，在齐国的渠丘发生了公孙无知被杀事件，在卫国的蒲地、戚地发生了卫献公被驱逐事件。从这些事件来看，国都城高池深，无济于事。

"末大必折，尾大不掉。"树枝大了一定折断，尾巴大了就不能摇动。

但楚灵王却认为申无宇多虑了，他懂得的是天道，不太了解治理老百姓的道理。

他不听先知的话，继续重用公子弃疾，指望弃疾跟他同心同德、一起努力使楚国崛起于国际社会。公元前530年，楚灵王亲自带兵离开国都，到千里之外的州来（今安徽凤台）去打猎。又出兵攻打徐国，威胁吴国，炫耀武力。由于灵王长久不归，楚国后方政权空虚。被楚国灭掉的蔡国旧臣们乘机说服公子弃疾和子干、子皙等人，调集军队长驱入楚，一举攻占了郢都，并把灵王的儿子全部杀死。楚灵王在众叛亲离中，只好上吊自杀。

（三）历史评价

申无宇是名门世臣。他能够预言，却无法改变一个人的命运以及一个人带给国家的灾难。申无宇这样的名门世臣有其局外旁观的一面，也有其尽职尽业的一面。他们的敬业虽然无济于时于事，但他们的生存态度及其示范，却让人感觉到动荡、颠沛、造次的中国上下阶层中仍有一种高贵的东西，他们传承了这种东西。后来孟子捅破了这一层：所谓故国者，非谓有乔木之谓也，有世臣之谓也。

申　亥

（一）生平简介

申亥，男，春秋时期楚国人，楚国大夫申无宇的儿子，生卒无考。

（二）主要事迹

楚灵王时期发生乾溪之难，楚灵王出逃，想顺汉水到鄢地去，申亥念楚王宽容的对待他的父亲，就去寻找楚灵王，他们在棘围相遇了。申亥就把楚灵王迎接到自己的家中供养起来。不久，楚灵王在他家中自缢身亡。申亥感到很愧疚，就把自己的两个女儿拿来为楚灵王殉葬。这件事情在《左传·昭公十三年》里有记载。

（三）历史评价

申亥为了感激楚灵王对其父亲的恩德而断送了自己的两个女儿的生命，这种做法是不可取的，甚至有些荒唐可笑的。

申包胥

（一）生平简介

申包胥，名包胥，又称王孙包胥，男，生卒年待考。湖北省监利县新沟镇人，春秋时楚国大夫，原与伍子胥友善。楚平王七年（前522），伍子胥因父亲冤案逃离楚国，途遇申包胥道"我必覆楚"。申包胥答曰："子能覆之，我必能兴之。"楚昭王十年（前506），吴王用伍子胥计破楚入郢。申包胥随昭王撤出辗转随国。后自请赴秦，求秦哀公出兵救楚。初未获允，乃七日不食，日夜哭于秦廷。哀公为之感动，终于答应发兵车五百乘前往救援。在秦、楚军队的反击下，楚人驱走吴国军队，收复了郢都。申包胥归郢后，昭王对他欲予奖赏，他声称请救兵是为了楚国人民，拒受赏赐。随即隐居山中，以度余年。

（二）主要事迹

1. "兴楚"誓言

楚平王本来是有作为的君王，"息民五年"，政局日趋稳定，国势亦渐恢复，即可向外图谋进取时，却因贪恋女色，重用佞臣，从而把楚国引向歧途。费无极作为太子建之少傅因不受太子建重用，便阴谋谗害太子建与太子建的太傅伍奢，先劝说楚平王为太子建迎娶秦国公主，待到秦国公主来到楚国，又挑诱楚平王将公主据为己有。太子建因此也被发配到成父守边。费无极又谗言说太子建有怨言，要谋反，并责怪陷害太子建之太傅伍奢，并且企图将伍奢及两个儿子伍尚、伍员（即伍子胥）一并杀害。伍尚入宫而与伍奢同死，伍子胥却出奔并立志为父兄报仇。

《左传·定公四年》载："初，伍员与申包胥友。其亡也，谓申包胥曰：'我必复（通"覆"字）楚国。'申包胥曰：'勉之！子能复（覆）之，我必能兴之。'"申包胥没有责备伍子胥，没有阻止伍子胥实现自己的"义"（孝），谓之以"勉之！"既是申包胥对伍子胥报仇行为的认同（春秋时期国君几乎就等于诸侯国，很难将诸侯国与国君区分开来，而且"君臣之义"较为淡泊，君臣反目相弑的情形很常见，才会有那么多人才为他国效力，并且因为国君而仇怨自己所出生的诸侯国的事情也常见，这之前楚国也有过析公、雍子、巫臣、苗贲皇等因个人恩怨对楚国复仇的故事。）也是对伍子胥能力的认同，更是对伍子胥的勉励。但是申包胥没有因为与伍子胥的友情而忘记对国家的忠诚，"子能覆之，我必能兴之"表明申包胥将对国家的忠诚视作"大义"，勇于肩负报效祖国的使命。申包胥选择先对伍子胥"勉之"（而不是"大义灭亲"，以除后患）再"我必能兴之"，这充分体现了申包胥内心的矛盾与坦然，对朋友、对国家都是执着的热情。

2. 楚国危亡

伍子胥辗转奔波，最终来到了吴国，为公子光重用，并力助公子光登上王位，是为吴王阖闾，并献"扰楚疲楚"之计，对楚国进行轮番攻击。

而这个时候，楚国令尹子常为政，虽然诛杀了费无极，但是"蓄聚不厌，其速怨于民多矣"（《国语·楚语下》），对外又欺凌小国，使楚国陷于孤立被动。

楚昭王十年（前506年）因子常的贪婪而羞辱唐、蔡两国国君，吴国趁机联合两国共同出兵，以伍子胥、孙武等为将，连战连胜，攻破了楚国的首都郢。

吴军进入郢都后，大肆抢掠。《淮南子》卷二十《泰族训》载"阖闾伐楚，五战入郢，烧高府之粟，破九龙之钟，鞭荆平王之墓，舍昭王之宫。"《谷梁传·定公四年》载"何以谓之吴也？狄之也。何谓狄之也？君居其君之寝，而妻其君之妻；大夫居其大夫之寝，而妻其大夫之妻。盖有欲妻楚王之母者。不正乘败人之绩而深为利，居人之国，故反其狄道也。"可见，吴军进入郢都后为非作歹，给楚国人民带来了巨大的灾难。而伍子胥在郢都，也为了泄愤对已故楚平王"鞭尸"（对此史载不一，或言鞭尸、或言鞭墓）。

在这样的情况下，申包胥虽然"亡于山中"，但是还是派人劝诫伍子胥。《史记·伍子胥列传》载："申包胥亡于山中，使人谓子胥曰：'子之报仇，其以甚乎！吾闻之，人众者胜天，天定亦能破人。今子故平王之臣，亲北面而事之，今至于僇死人，此岂其无天道之极乎！'伍子胥曰：'为我谢申包胥曰，吾日莫途远，吾故倒行而逆施之。'"申包胥对伍子胥的劝诫，一方面表示了对伍子胥报仇行为的理解，但是对于伍子胥"鞭尸"的过激行为表示惋惜（这样的行为只能泄愤，引起楚国人民的不满），同时希望伍子胥能够有所收敛，但是伍子胥却仍然一意孤行。

申包胥对伍子胥劝诫不成，只好以实际行动来践行"兴楚"的誓言。《战国策·楚策一·威王问于莫敖子华》载："棼冒勃苏曰：'吾被坚执锐，赴强敌而死，此犹一卒也，不若奔诸侯。'于是赢粮潜行……"

3. 泣秦廷

申包胥究竟应该到那里去请求援助呢？当时的局势，只有秦国与晋国有实力帮助楚国击败吴国。而晋国与楚国长期争霸，吴国也是晋国扶植起来削弱楚国的；楚昭王是秦国公主所生，也就是秦哀公的外孙，秦国与楚国有着紧密亲缘关系，而且在春秋时期因为与晋国的关系长期保持联盟关系，因此也就只有秦国有实力、也能够帮助楚国复兴。在这样的情况下，申包胥没有失却冷静，表明申包胥具有较高的政治眼光。

申包胥"跋涉谷行，上峭山，赴深溪，游川水，犯津关，蹑蒙笼，蹶沙石，蹠达膝曾茧重胝，七日七夜，至于秦庭。"于是依于庭墙而哭，日夜不绝声，勺饮不入口七日"（《左传·定公五年》）。可见，申包胥对于国家的忠诚是执着而又热烈的，到了完全不顾自己生死的地步。

申包胥的忠诚与坚毅终于打动了并惊醒了秦哀公，惊叹道：

"楚有贤臣如是，吴犹欲灭之。寡人无臣若斯者，其亡无日矣。"（《吴越春秋》卷四《阖闾内传》）并"为赋《无衣》之诗曰：'岂曰无衣，与子同袍。王于兴师，与子同仇。'"（《吴越春秋》卷四《阖闾内传》）"乃遣车五百乘救楚击吴"（《史记·伍子胥列传》）。

4. 力战"兴楚"

成功搬来秦国的援军后，申包胥身先士卒与吴军交战。《左传·定公五年》载："申包胥以秦师至，秦子蒲、子虎帅车五百乘以救楚。子蒲曰：'吾未知吴道。'使楚人先与吴人战，而自稷会之，大败夫概于沂"。

这时越国也从吴国的后方袭击吴国，《史记·吴太伯世家》载"（吴王阖闾）十年春，越闻吴王之在郢，国空，乃伐吴。吴使别兵击越"。吴军连续遭遇失败，引发了内讧，"阖闾弟夫概见秦越交败吴，吴王留楚不去，夫概亡归吴而自立为吴王"。（《史记·吴太伯世家》）

而更为重要的是，吴军的侵略行为与暴行，激起了楚国上下的同仇敌忾。《谷梁传·定公四年》云："昭王之军败而逃，父老送之，曰：'寡人不肖，亡先君之邑。父老反矣，何忧无君？寡人且用此入海矣！'父老曰：'有君如此其贤也！'以众不如吴，以必死不如楚。相与击之，一夜而三败吴人，复立。"《淮南子》卷二十《泰族训》也载："昭王奔随，百姓父兄携幼扶老而随之，乃相率而为致勇之寇，皆方命奋臂而为之斗。当此之时，无将卒以行列之，各致其死，却吴兵，复楚地。"

在如此形势下，吴军不得不退出楚国，楚国成功复兴。

应该说，楚国复兴的根本原因是楚国军民的同仇敌忾，子西等集结溃散军民舍身再战，左司马戌宁死不屈，以及楚昭王逃亡途中，军民保护代死的场面，无一不闪烁着楚国军民恋乡爱国尊君的思想光辉。

不过，申包胥请来秦国援军的作用也是至关重要的。以楚国的国力，吴国是难以吞并的，但是楚国若单凭自己之力，也难以那么快将吴军赶出国境，而申包胥请来秦国援军，身先士卒初战告捷，进而迫使吴国内乱，楚国得以迅速将吴军赶出国境，成功复兴。楚国复兴之后，很快就从失败的创伤中走出来，楚昭王二十年灭顿、灭胡，楚惠王十年灭陈、四十二年灭蔡、四十四年灭杞，"东侵，广地至泗上"，（《史记·楚世家》）依然保持了第一流强国的地位，进入战国后也是"战国七雄"中最有实力的国家之一。申包胥在伍子胥出奔的时候表示"子能复（覆）之，我必能兴之"。在楚国真的面临亡国危机的时候，申包胥又以自己的行为践行了这一誓言。

5. 拒赏

楚国历经艰难，终于成功复兴，申包胥也践行了"兴楚"的誓言，楚昭王论功行赏，认为申包胥忠勇可嘉，"封之以荆五千户"（《史记·范睢蔡泽列传》）。

但是申包胥却不认为自己的作为有什么了不起，辞曰："吾为君也，非为身也。君既定矣，又何求？且吾尤子旗，其又为诸？"（《左传·定公五年》）申包胥一方面表明，自己的作为都是尽一个臣子的本分；另一方面"吾尤子旗"（子旗帮助楚平王登上王位，被任为令尹，次年，与人勾结，贪求无厌，被楚平王杀死），通过表明自己痛恨子旗来表达自己淡泊名利。

据说楚昭王想以命令的方式让申包胥接受赏赐，但是申包胥"遂逃赏"。(《左传·定公五年》)楚昭王使人求之不得,乃旌表其闾曰"忠臣之门"。

6. 使于越

申包胥虽然"逃赏",但是没有忘记自己对楚国的忠诚,在"逃赏"近三十年之后(《左传》载申包胥"逃赏"的时间是鲁定公五年即公元前505年,而《吴越春秋》所载申包胥出使越国的时间是勾践二十一年即公元前476年。)出使越国,坚定勾践伐吴决心并教勾践以"智、仁、勇"三策。

申包胥先是以激将法,分析吴国正盛,试探越王勾践伐吴的决心,再问勾践何以战,最后点出"智、仁、勇"三策,可见,申包胥是一位眼光深远、善于剖析利害的战略家。

申包胥对勾践的教诲,对于勾践灭吴有较大的帮助,《国语·吴语》随后载勾践言"吾问于王孙包胥,既命孤矣"。这在一定程度上也可以说申包胥实现了楚国对吴国的报仇。

(三)人物评价

1. 史籍记载

《史记正义·秦本纪》记载:"包胥姓公孙,封于申,故号申包胥。"伍子胥家也世居申地(伍子胥也号"申胥"),故而申包胥与伍子胥是故交。

《左传·定公五年》:"吴为封豕、长蛇,以荐食上国,虐始于楚。寡君失守社稷,越在草莽。使下臣告急,曰:'夷德无厌,若邻于君,疆埸之患也。逮吴之未定,君其取分焉。若楚之遂亡,君之土也。若以君灵抚之,世以事君。'"

《吴越春秋》卷四《阖闾内传》:"素沉湎,不恤国事。"

《左传·定公五年》:"寡人闻命矣。子姑就馆,将图而告。""寡君越在草莽，未获所伏。下臣何敢即安？"

《国语·吴语》载（《吴越春秋·勾践伐吴外传》记载类似，并指出时间是勾践二十一年七月）：

　　楚申包胥使于越，越王勾践问焉，曰："吴国为不道，求残我社稷宗庙，以为平原，弗使血食。吾欲与之徼天之衷，唯是车马、兵甲、卒伍既具，无以行之。请问战奚以而可？"包胥辞曰："不知。"王固问焉，乃对曰："夫吴，良国也，能博取于诸侯。敢问君王之所以与之战者？"王曰："在孤之侧者，觞酒、豆肉、箪食，未尝敢不分也。饮食不致味，听乐不尽声，求以报吴，愿以此战。"包胥曰："善则善矣，未可以战也。"王曰："越国之中，疾者吾问之，死者吾葬之，老其老，慈其幼，长其孤，问其病，求以报吴。愿以此战。"包胥曰："善则善矣，未可以战也。"王曰："越国之中，吾宽民以子之，忠惠以善之。吾修令宽刑，施民所欲，去民所恶，称其善，掩其恶，求以报吴。愿以此战。"包胥曰："善则善矣，未可以战也。"王曰："越国之中，富者吾安之，贫者吾与之，救其不足，裁其有余，使贫富皆利之，求以报吴。愿以此战。"包胥曰："善则善矣，未可以战也。"王曰："越国南则楚，西则晋，北则齐，春秋皮币、玉帛、子女以宾服焉，未尝敢绝，求以报吴。愿以此战。"包胥曰："善哉，蔑以加焉，然犹未可以战也。夫战，智为始，仁次之，勇次之。不智，则不知民之极，无以铨度天下之众寡；不仁，则不能与三军共饥劳之殃；不勇，则不能断疑以发大计。"越王曰："诺。"

2. 历史评价

春秋时代是"乱臣贼子"迭出的时代，但是在这个时代却涌现出申包胥这样一个执着、忘我的爱国忠臣，正如黑暗中的一盏明灯，照亮着那个时代，更照亮了中国历史。

当好友伍子胥言"我必覆楚"时，申包胥则谓"勉之！子能覆之，我必能兴之"。申包胥没有阻止伍子胥实现他的"义"，而是去践行一个更大的"义"——对国家的忠诚。

在楚国国都陷落、昭王出奔，申包胥"不受命"就一个人来到秦国请求援助，"跋涉谷行，上峭山，赴深溪，游川水，犯津关，蹋蒙笼，蹢沙石，蹠达膝曾茧重胝，七日七夜，至于秦庭。"秦哀公没有立即答应，于是"依于庭墙而哭，日夜不绝声，勺饮不入口七日。"终于打动了"素沉湎，不恤国事"的秦哀公。可见，申包胥对于国家的忠诚是执着而又热烈的，到了完全不顾自己生死的地步。

在尽自己最大的努力兴楚成功后，申包胥简单的以"非为身、非为名、非卖勇"婉拒昭王的赏赐并退隐。从申包胥先前的作为来看，断不会贪图名利，且楚昭王是一个较为贤明仁善的君王，申包胥功成身退，可知不是出于"飞鸟尽，良弓藏；狡兔死，走狗烹"的原因，而是出于真心。这表明申包胥的所作所为，不过是尽自己的一份职责，是出于对祖国的真心的忠诚。而在时隔近三十年后，又不辞劳苦出使越国，为越国灭吴做出了贡献。

在那个"礼乐崩坏"，臣弑君、子弑父的时代，在那个各国人才为了自己的恩怨或者施展抱负纷纷游走他国的年代，申包胥始终尽忠于自己的祖国——楚国，以自己的行为诠释了"忠"

的涵义，为后世确立了一个忠臣的典范。

申　舟

（一）生平简介

申舟（？—公元前595年），男，春秋时期楚国人，名无畏。楚国大夫。

（二）主要事迹

春秋时期，发生了一起宋国杀戮楚国使臣申周的事件，引发了宋、楚两国大战。

当时，晋、楚两国为了争霸，都在争取中原大国郑国，楚庄王芈旅（熊侣）召集群臣商计对付晋国之事。

公子侧提议："我们楚国最好的盟友无如齐国，而与晋国关系最铁的无过于宋国。若我兴师伐宋，晋国光是救宋国就接应不暇，还能与我们争郑国吗？"

楚庄王说："你的策略很好，不过我们与各国之间目前没有嫌隙。当年先王击败宋军于泓，还箭伤其君的大腿，宋国一直都能忍耐。甚至在厥貉之会商，宋君亲受服役。其后宋昭公被弑，子鲍嗣立，至今十八年了。我们要伐宋国没有理由啊？"

公子婴齐提议道："这不难。齐国君主屡次来聘，我们至今尚未回答。今宜遣使报聘于齐国。要去齐国，必然要经过宋国。您下令子婴不得假借其他道路，只准走宋国，借此以探。若宋国不予计较，说明他们惧怕我们，这样在会盟时必然不敢拒绝我们的建议。如宋国施加以无礼之举，侮辱我们的使臣，那我们不是就有了出兵伐宋的理由了吗！"

楚庄王十分感兴趣地问："那么，派谁出使齐国为好呢？"

公子婴齐回答："申无畏曾参加过厥貉之会，此人可派。"

于是，楚庄王乃命申无畏出使齐国修聘。

申无畏当时回奏："出使齐国必经宋国，那我须有假道文书送验，方可过关。"

楚庄王不高兴了："难道你畏惧并拒绝为使臣吗?"

申无畏答道："当年在厥貉之会商，诸君田于孟诸，只有宋国君主违令，我抓捕了宋君的仆人杀之，以代宋君之罪，因而宋国人肯定恨臣必深。所以，此行若无假道文书，他们必然会杀我。"

楚庄王回答："这样吧，我把文书上你的名字改为申舟，不用申无畏的名字。"

申无畏苦笑道："名字可改，可我的面容改不了，宋国人都认识我啊。"

楚庄王大怒："如果宋国真的杀了你，我当兴兵破灭其国，为你报仇!"

申无畏只得接受出使之责。第二天，申无畏带着儿子申犀谒见楚庄王："臣将以死殉国，这是份内之责，君叫臣死，臣不得不死也。但愿大王今后能善待我的儿子。"

楚庄王回答："这本就是寡人之事，你不必多虑，放心走吧。"

申无畏领了出使礼物，拜辞出城。申犀送至郊外，申无畏吩咐道："父亲此行必死于宋国。你必请君王为我报仇，切记吾言!"之后父子洒泪而别。

不一日，行至睢阳，把守边关的小吏知是楚国使臣，便索要假道文验。申无畏回答："我奉楚王之命出使，但只有聘齐文书，却没有假道文书。"

关吏将申无畏留住，飞报宋文公。当时华元为政，知道后马上对宋文公说："楚国，那是我们宋国的世仇。今楚国遣使公然过宋国，却不循假道之礼，当是欺我太甚！请杀之！"

宋文公曰："如果杀了楚国使臣，楚国必会出兵伐我，到那时奈何？"

华元回答："欺我之耻，甚于受伐；况欺我们的目的势必伐我。反正均要受伐，且先雪吾耻再说。"于是命将申无畏带至宋廷。华元一见，认得就是申无畏，怒上加怒，骂道："就是你，曾戮杀我先公之仆，今改了名字，难道欲逃脱死罪吗？"

申舟自知必死，大骂宋子鲍："你奸祖母，弑嫡侄，幸免天诛；又妄杀大国之使，楚兵一到，汝君臣为齑粉矣！"

华元大怒，命先割其舌，而后杀之。然后将楚国聘齐的文书礼物焚弃于郊外。

申舟的从人弃车而遁，逃回上报楚庄王。楚庄王当时正在吃午饭，闻听申舟被杀，投箸于席，奋袂而起。当即拜司马公子侧为大将，申叔时副之，立刻整车，亲自伐宋，并派申犀为军正从征。

申舟在周定王姬瑜九年（楚庄王十六年，宋文公十三年，公元前598年）农历四月被杀，楚国大军在农历九月即大举攻入宋国境内，在春秋历史上可谓诸侯国之兵出动最迅速的一次！

楚庄王以属下大夫申舟的生命为诱饵挑起宋楚两国争端，以达到争霸中原的目的，不可谓不阴损；宋文公明知杀害楚使会引祸上身，却仍然钻入圈套，不可谓不愚蠢；而申舟明知此行必死，却坦然受命出使赴死，不可谓不忠壮。

（三）历史评价

申舟在明知出使危机重重的情况，还是义无反顾地出使了。这种大无畏的谨慎值得学习和佩服。申舟以死报国，在当时传为美谈，诸多史籍皆有记载。

申　犀

（一）生平简介

申犀，男，春秋时期楚国著名将领。生卒年无考。申舟之子。

（二）主要事迹

申舟被杀后，宋文公自知惹祸，连忙派大夫乐婴去晋国告急求援。

晋景公姬孺想出兵援救宋国。伯宗说："不行，古人说过：'虽鞭之长，不及马腹。'上天正在保护楚国，不能同它争斗。晋国虽然强盛，怎么能违背天意？俗话说：'高下在心。'河流湖泊能容纳污秽，山林草莽隐藏着毒虫猛兽，美隐匿着瑕疵，国君也可以含耻忍辱，也是上天的常规。君王还是等一等吧。"

于是，晋景公便停止了出兵，仅派大夫解扬到宋国去，叫宋国不要向楚国投降，并说："晋国军队已全部出发，快要到宋国了。"

解扬路过郑国时，郑国人扣住解扬并把他献给楚国。楚庄王用重礼收买他，让他对宋国人说相反的话。解扬不答应。楚庄王再三劝诱，他才答应了。

楚庄王让解扬登上楼车，叫他对宋人喊话说晋国不来救宋国，解扬借机传达了晋君要宋人坚守待援的命令。楚庄王怒而要杀解扬，派人对他说："你既然已经答应了我，却又违背诺言，是什么原因？这不是我不讲信用，而是你丢弃了它，快去接受你该受的刑罚吧！"

解扬回答说："臣下听说过，国君能制定正确的命令就叫义，臣子能奉行国君命令就叫信，信承载着义而推行就叫利。谋划不丢掉利益，以此捍卫国家，这才是百姓的主人。合乎道义不能有两种诚信，讲求诚信不能接受两种命令。君王收买臣下，就是不懂'信无二命'的道理。我接受君命出使，宁可去死也不能背弃使命，难道可以用财物收买吗？我之所以答应君王，是为了完成我的使命。我死了而能完成使命，这是我的福分。我们国君有诚信的臣下，臣下又能完成使命而死，还有什么可求的呢？"楚庄王听后，便释放了解扬，让他回国。

看到宋国吃了定心丸决意抵抗，楚庄王便下令在农历五月撤军队离开宋国。申犀当即在楚庄王的马前拦驾叩头："我父亲明知会死，但不敢背弃君王的命令，坦然出使赴死。而现在君王您撤军，就是背弃了诺言。"楚庄王羞愧得无法回答。

楚国大夫申叔时正为楚庄王驾车，他说："我建议，宋军躲在都城里不出来，那咱们就在宋国到处修建房屋，把种田的人叫来，咱们就种宋国的田，吃宋国的粮，叫宋国一无所有。那样的话，宋国就一定会听从君王的命令了。"

于是，楚庄王按申叔时的话去做了。果然，宋国人都因此大感恐惧，害怕起来。宋文公派华元在夜里潜入楚营，上了令尹子反的床，把他叫起来说："我们国君派我来把宋国的困难告诉你，说：'敝国人被困在城里，已经在交换孩子杀了吃，劈开尸骨烧火做饭。即便如此，若是因兵临城下而被逼签订的盟约，那么就算让国家灭亡，我们也不能答应。但如果你们楚军撤离我们国都三十里，宋国就一切听命。'"

子反很害怕，就与华元定了盟誓，并报告了楚庄王。楚庄王下令楚军退兵三十里，宋文公与楚庄王讲和，表示不再支持晋国而支持楚国，并让华元当了人质。在盟誓上，宋楚两国皆说："我不欺你，你不骗我。"

（三）历史评价

申犀是春秋时期楚国著名将领。

申 蒯

（一）生平简介

申蒯，男，楚国人，春秋时期楚国大夫、著名将领。生卒年待考。

（二）主要事迹

公元前 583 年，晋栾书领军伐蔡国，接着进犯楚国，在边境击败了楚军，俘获楚大夫申蒯。之后攻破沈国，俘虏沈国国君揖初。这样一来，原来附从楚国之中原姬姓诸国又尽入晋国怀抱，楚国霸势随着衰退。

（三）历史评价

申蒯是春秋时期楚国大夫、著名将领。

申 党

（一）生平简介

申党，字子周，男，春秋末年鲁国人，孔子弟子，七十二圣之一。生卒无考。古人把申枨、申党、申绩视做一人，可是唐代以后的一段时间，又把申绩和申党当做两人。宋大中祥符二年（1009）加封申枨为"文登侯"，同时加封申党为"淄川侯"。近代史学界考证亦认为是两人。

（二）主要事迹

孔子说："我没有见过刚强不屈的人。"有人说："申枨就是这样的人。"孔子说："申枨贪欲太多，怎么可能做到刚强不屈呢？"古代"党"音与"枨"接近，此处申枨就是指申党。由于材料的缺乏，现在还无法从根本上区分申党与申枨。

（三）历史评价

申党做为孔门七十二圣之一，肯定有许多值得学习和效法的地方。

申　枨

（一）生平简介

申枨，字周，男，春秋时鲁国人，精通六艺，孔子七十二贤之一。生卒无考。唐开元二十七年（739）追封为"鲁伯"，宋大中祥符二年（1009）封为"文登侯"，明嘉靖九年（1530）封为先贤。古人把申枨、申党、申绩视做一人，可是唐代以后的一段时间，又把申绩和申党当做两人。宋大中祥符二年加封申枨为"文登侯"，同时加封申党为"淄川侯"。近代史学界考证亦认为是两人。

（二）主要事迹

据说申枨早年随孔子学习，每次和别人辩论，从不轻易让步。师兄弟们认为他和子路都很率性正直。既然大家都这样说，还有什么说的，群众的眼睛是雪亮的，大家都如是说申枨率性正直还有什么不对的。和别人辩论，从不轻易让步，只能说明他真理在手，不愿意委曲求全，没有什么见不得人的缺点。

还据说申枨学习很刻苦，是七十二贤之一，被后人亲切称为申子。后来避战乱，在文登隐居讲学为生，与那里的黄老学派的士人打得火热，并且是当地很有名望的士人。据此一切都应该明白，申枨有知识，有学问，又德高望重，可能还是信奉老黄之学。说来说去，大概是因为申枨信奉黄老的实用哲学，在孔子看来属于与自己不同的异端说，因此不被他看好。

并没有什么史料证明申枨是一位私欲太多的人。孔子的："吾未见刚者。"或对曰："申枨。"子曰："枨也欲，焉得刚？"这句话说申枨有欲望，所以会违背周礼，违背孔儒学说里提倡的"仁德"，这也没什么不可以。要说"欲望"二字，谁没有？只要是有血有肉的人都有。欲望，实际就是一种生活目标，一种人生理想。是活的东西就有欲望，老子说："人之生也柔弱，其死也坚强。万物草木之生也柔脆，其死也枯槁。故坚强者死之徒，柔弱者生之徒。是以兵强则不胜，木强则折。强大处下，柔弱处上。"意思是：人活着的时候身体是柔软的，死了以后身体就变得僵硬。草木生长时是柔软脆弱的，死了以后就变得干硬枯槁了。所以刚强的东西属于死亡的一类，柔弱的东西属于生长的一类。因此，逞刚强就会遭到灭亡，树木刚强了就会遭到砍伐摧折。凡是刚强的，总是处于下位，凡是柔弱的，反而居于上位。

（三）历史评价

申枨不"刚"亦正常。

申　须

（一）生平简介

申须，春秋时期鲁国大臣，生卒无考。

（二）主要事迹

据《万姓统谱》记载：申须，鲁臣，星孛大辰，谓诸侯须有大灾。可能是申须通过观测星辰来预测自然灾害。至于预测的结果是否正确，书中没有记载。

（三）历史评价

申须，春秋时期鲁国大臣，有观测星辰预测自然灾害的习惯。

申巫臣

（一）生平简介

申巫臣，男，春秋时期楚国人。生卒无考。先是楚国大臣，后为晋国大臣。

（二）主要事迹

申巫臣先是楚国大臣，后来逃至晋国，成为大臣。至于叛逃的原因，无法考证。到了晋国后，他做为晋国的使臣出使吴国。晋国此举是想联系兄弟之国的情谊。而当时的吴伯寿梦并没有忘记吴国灭亡之耻，一心想报复晋国，而与晋国的外交，只是逢场作戏、敷衍的事情。当时申巫臣并没有把这次出使看做是简单的任务，而是有自己的打算。因为申巫臣在晋国并没有得到他所想要的东西，他想利用这次出使吴国，来考察并利用吴国来报复楚国的目的。通过这次出使，申巫臣发现，吴王是个雄才大略的野心家，是自己可以利用的一颗棋子。

吴国地处江南，擅长水战，不擅长陆战。为了挺进中原，就必须学会乘车作战。申巫臣于是拖延了出使回国的时间，将自己的车战技能全部传授给吴国。并同意让自己的儿子做了吴国的宾礼官。申巫臣决定从内政外交上给吴国一个脱胎换骨的变革，事实证明，申巫臣的做法是行之有效的。

军事上的成就，让吴王跃跃欲试。申巫臣说，军队只是演习，没有实战经验，不行。吴王想先找个对手来练练，找谁好呢？晋国当时鼎盛，吴国不是晋国的对手。申巫臣说，中原各国不是容易取胜的，还是找一个不被中原各国重视的楚国来练练吧，更何况楚国就在附近。对于申巫臣的别有用心，吴王是不知道的。

吴国开始攻打楚国。走上了一条穷兵黩武的道路。

（三）历史评价

《万姓统谱》记载："吴之强于中国，自巫臣始。寿梦思其功，以其子狐庸为相。"这说明：申巫臣在吴国强大的事情上，居功至伟。

申公巫臣

（一）生平简介

申公巫臣，男，生卒年不详，春秋时人。楚国申县（今河南南阳北）县尹。芈姓，屈氏，名巫，一名巫臣，字子灵，与申叔时是亲戚。具有很高的才干，曾辅佐过楚庄王和晋景公，左传上记载了许多与他有关的典故。由于他的好色和叛国，后代的史家对他没有太大的关注。

（二）主要事迹

1. 卓识远见

楚庄王讨伐萧国，宋国的华椒联合蔡国解救萧国。萧国人囚禁了楚国的熊相宜僚以及公子丙。楚庄王说："不要杀他们两个人，我立即退兵。"可是萧国人还是把二人杀了。庄王大怒，于是率重兵围困萧国，萧军抵挡不住溃败了。申公巫臣对庄王说："很多士兵们都苦寒于冬天的气温。"庄王听了，就亲自巡视军队，拊问慰勉将士。将士们感到如同穿了棉袄一样温暖。

当初楚国讨伐陈国的夏氏，庄王想把夏姬纳为己有。申公巫臣劝谏说："不可以这么做。君王您号令诸候，是为了讨伐夏征叔的弑君之罪。如今纳夏姬为妃，就等于是为了贪色才讨伐陈国。贪好美色就叫作'淫'，淫就会受到上天的重惩。《周书》上记载说'明德慎罚'，这是说明周文王之所以造就周朝的道理。明德，就是尽力崇尚推广的意思。慎罚，就是一定要除恶务尽的意思。如果君王您召集诸候兴师动众，却招来上天的重惩，不是违背了书中'慎罚'的道理吗？请君王您好好考虑一下吧！"楚庄王听从了申公巫臣的谏言。

楚国在围攻宋国的战役胜利楚军班师回国之后，子重请求把申、吕二地当作赏田赐给自己。楚庄王答应了。申公巫臣说："不可这么做。申、吕这两个地方之所以作为城邑，是为了征取军赋来抵御来自北方的威胁。假如赏赐给私人，就等于没有申、吕，那么晋国、郑国的势力一定会影响到汉水流域。"楚庄王就改变了主意。子重因此怨恨申公巫臣。

后来晋景公派遣申公巫臣出使吴国，借道于莒国。巫臣和莒君渠丘公站在城池边说话，巫臣说："城墙看起来很破败了！"

莒君说："敝国偏远穷陋，处在蛮夷之地，哪个会打我的主意呢？"申公巫臣回答："那些处心积虑企图开疆辟土以求有好处于自己国家的，什么地方没有呢？正因为如此，才会有这么多的大国。只是这些大国有的打小国的主意，有的暂时顾不上而已。一个勇敢的匹夫尚且知道关闭好内外门户，何况是一个诸候国呢？"鲁成公九年冬十一月，楚国令尹子重从陈国出兵征讨莒国，围困国都渠丘。果然如巫臣的预料，渠丘城防失修，很快就兵败城陷。城中百姓溃逃到莒城。初五日，楚军进入渠丘城。楚军进而围困莒城，莒城的城守也很差，十七日，莒城也被攻陷了。楚军乘胜进入郓城，这都是莒国没有备战的缘故。

这些小的故事都间接反映出巫臣是一个很有才能和远见的贤臣。

2. 其他典故

楚庄王谋事而当，群臣莫能逮，朝退而有忧色。申公巫臣进曰："君朝有忧色，何也？"楚王曰："吾闻之，诸侯自择师者王，自择友者霸，足己而群臣莫之若者亡。今以不谷之不肖而议于朝，且群臣莫能逮，吾国其几于亡矣，是以有忧色也。"

3. 大义凛然为美色

巫臣属于屈氏之族，名屈巫，是楚国又一个先知式大臣。在楚国的政治格局里，巫臣究竟有何作为，有何目的，似乎非一般人所能理解。公元前599年，倾城倾国的绝代美女夏姬颠倒陈国君臣，陈国国君被杀，楚庄王为了讨伐诛君犯上的罪行，起兵灭掉陈国。如何处置夏姬这样的战利品，胸有大志、欲称霸中原的楚庄王此时也为夏姬心动，想纳夏姬为妃。但巫臣一通话，就打消了庄王的想法："这可不行。您召集大家讨伐罪行，本来是正义的行为。如果纳夏姬为妃，就说明您贪图美色。打着正义之师的旗号满足自己的淫欲，以后您说的话还有谁听呢？"

巫臣这样说，是因为夏姬的美色和名声一样大。楚庄王把夏姬带回楚国时，夏姬应该有30多岁了，但她依然美艳不可方物。她生于公元前7世纪，跟希腊的海伦几乎同时。这两位空前绝后的美女，都对各自身处的国度和历史产生了巨大的影响。围绕着她们上演的一切：情爱，权力，战争，杀戮，阴谋，背叛，复仇，几乎就是构成历史的全部范畴。夏姬到了楚国，拉开了阴谋的华彩大戏。

巫臣劝阻了楚王纳夏姬为妃，他还要面对其他的觊觎夏姬美色的人。楚国的司马子反（公子侧）也想娶夏姬，被巫臣再次劝阻。没有人会觉得巫臣会有自己的企图。但从事后看，在巫臣的先见之明中，他有自己的企图，虽然那种希望渺茫得很。

巫臣不可能明说自己想要夏姬，更不可能明说他配得上夏姬。楚庄王把夏姬给了一位名叫襄老的连尹（楚国主射之官），而襄老的艳福没享多久，就战死于沙场，尸首被晋国所得，襄老的儿子黑要没有替父复仇，反而与夏姬私通。这个时候巫臣才开始他的夺美计划。

巫臣派人传话给夏姬说："你回娘家郑国去，我娶你为妻。"又想法让郑国对夏姬说："夏姬你亲自来，就能得到襄老的尸首。"巫臣极力唆使楚庄王答应了夏姬归郑。

公元前589年，雄才大略的楚庄王已经死去一年多，晋伐齐，齐大败，向楚寻求支援。楚国出兵前，楚王派巫臣到齐国访问，巫臣乘机把自己的家室财产全部带走。

楚国的年轻大夫申叔跪和他年迈的父亲、一个德高望重的先知大臣申叔时此时正要去国都，他们在路上相遇。申叔跪对巫臣的观感记载于史册：真是奇怪啊，这个人有肩负重要军事使命的警惧之心，又有《桑中》一诗所说的男女欢恋之色，大概是偷偷地带着妻子逃跑吧。

不出申叔跪所料，巫臣出使齐国完成任务，让副使带着齐国赠送给楚国的礼品回国复命，自己则浪迹国际社会。路过郑国时，如愿以偿地娶了夏姬为妻，并领着夏姬逃跑。依靠与晋国大臣的关系，巫臣依附于晋，被任命为邢邑（今河南温县）大夫，为"楚材晋用"做了注脚。

这个知名重臣的"无间道"行为引发了一连串国际事件，大概是他始料未及的。他在楚庄王逝世不久、楚共王初立之际叛逃，显然让楚国难堪，更何况夺美失利的子反要报复他。暴跳如雷的子反请求给晋国重礼，好让晋国对巫臣永不录用，以断绝巫臣的生存空间。但年轻的楚共王念在巫臣为先君尽忠多年，决定不去追究。

明智一时的楚共王却没能阻止他的臣子作难。子反和另一个怀恨在心的子重联手，灭了巫臣留在楚国的族人，顺便也灭了黑要全家，瓜分了他们的采地。由此也可以猜想，如果夏姬继续留在楚国，黑要也迟早要死。

申公巫臣是一个操纵春秋历史的小人物。他坏了子重的田邑，搅了子反的桃花运；把楚国的先进战术教给吴国，使吴国崛起而不断地侵犯楚地，自己得到了夏姬图得一生快活，却害惨了楚国的那些贵族亲旧。

（三）历史评价

申公巫臣是一个很有才能和远见的贤臣。

申公寿余

（一）生平简介

申公寿余，男，春秋时期楚国大臣。生卒无考。楚国称县大夫为公，申公寿余是申之大夫，寿余当是他的名字。

（二）主要事迹

《左传·哀公四年》有这样的记载：哀公四年夏季，楚国人战胜了背叛它的夷虎之后。准备进攻北方。司马眅、申公寿余、叶公诸梁在负函集合了蔡国人，又在缯关集合了方城之外的人，对他们说："吴军准备溯长江而上攻打郢都，我们将要赶去援救。"并限定一晚上就准备好，第二天便袭击梁地和霍地。单浮余围攻蛮氏，结果蛮氏溃散，蛮子赤逃到了晋国的阴地。司马眅动员丰地、析地和狄戎一起攻打上雒。左翼部队从菟和出发、右翼部队从仓野出发，并派人告诉阴地的大夫士蔑说："晋、楚两国曾有盟约，好恶一致。如果双方能履行这盟约，将是寡君最大的愿望。不然，我们打通少习山之后再来听候贵国的命令。"士蔑急忙向赵鞅请示。赵鞅说："晋国还没有安定下来，怎么能和楚国结仇？你赶快把蛮子交给他们。"于是士蔑便集合九州之戎，诈称要封地给蛮子并为他筑城，并准备为此而占卜。蛮子前来接受占卜时，士蔑便把他和他的五个大夫抓了起来，在三户把他们交给了楚军。楚国的司马又诈称要封邑给蛮子并为他策立继承人，以引诱蛮氏的百姓。然后把他们都抓了起来带回楚国。

（三）历史评价

申公寿余能够在关键时刻振臂一呼，救国救民于危难的精神，值得学习。

申徒兀

（一）生平简介

申徒兀，男，春秋时期郑国人，生卒无考。

（二）主要事迹

《庄子》曰：申徒兀者谓子产曰：吾与夫子游十有九年矣，而未曾知吾兀者也。今子与我游于形骸之内，而子索我于形骸之外，不亦过乎？

也就是说，申徒兀很可能受过刖刑，被砍掉了双腿。

（三）历史评价

申徒兀不以自己失去双腿而自觉形秽，这种自强不息的精神值得鼓励和学习。

申叔仪

（一）生平简介

申叔仪，男，春秋时期吴国人。生卒无考。吴国大夫。

（二）主要事迹

在公元前482年鲁国大夫公孙有山曾以隐语"庚癸"教吴国大夫申叔仪作为借粮暗号。吴国大夫申叔仪乞粮于公孙有山氏，曰："佩玉𤩅兮，余无所系之。旨酒一盛兮，余与褐之父睨之。"对曰："梁则无矣，粗则有之。若登首山以呼曰'庚癸乎！'则诺。"见《左传·哀公十三年》。

《申叔仪乞粮歌》后来成为先秦著名文学作品的代表作品之一。

（三）历史评价

申叔仪不愧为办事能干之大臣。

申叔时

（一）生平简介

申叔时，男，春秋楚庄王时大夫，楚国公族，老于申（致仕退休）。其事迹俱见春秋内传、春秋外传。生卒无考。

（二）主要事迹

1. 军事才能

公元前598年，陈国夏征舒之乱，楚庄王克陈，杀夏征舒，申叔时劝楚庄王不可以把陈国作为楚国的县。

公元前594年，楚庄王围宋国，长达八个月，楚国想撤退，申叔时建议在城外修房子、使耕种者归，宋国信心丧失，通过华元夜见子反的方式，楚宋订立了合约"我无尔诈，尔无我虞"。

公元前575年，鄢陵之战前，子反在北征时路过申叔时的家，申叔时认为晋楚鄢陵之战，楚国必败，子反也不会回来了。

他提出战之器是德、刑、详、义、礼、信。

2. 申叔时的智慧

楚庄王高高地坐在宝座上，接受一批又一批的文武大臣向他朝贺。甜蜜的音乐，欢快的舞蹈一齐向他奉献。楚庄王陶醉了。

前些天，他的盟国陈国发生了内乱，陈灵公被大臣夏征舒杀了。陈国的几个大臣逃到楚国，请楚庄王替陈国平定内乱。楚庄王就打着主持正义的旗帜，率大军灭了陈国，把它改为楚国的一个县。啊，楚国，强大的楚国的版图又扩大了。楚庄王得意地想着，忽然有一丝不愉快的念头升上脑际：南方属国的君主和许多小部族的首领都来道喜了，国内的大臣也都来祝贺了，怎么独独不见大夫申叔时？

正想着申叔时，申叔时就来了。原来，他出使齐国刚回来。

申叔时向楚庄王报告了去齐国后的见闻，楚庄王想，接下来，你该说些道喜的话了吧？谁知申叔时竟一句也没提到。楚庄王火了，责问道："陈国的夏征舒杀了陈灵公，犯了滔天大罪，中原的诸侯哪个也没敢去过问，只有我主持正义，杀了夏征舒，而且又使我国增加了很多的土地。哪个大臣，哪个属国不来祝贺？可你却吭都没吭一声，难道我做得不对吗？"

申叔时诚惶诚恐地行了个礼，说："不是，不是，我的心里正想着一件解决不了的案子呢，所以还顾不上说别的。"

楚庄王好奇地问："什么案子？"

申叔时说："是这样的：有个人牵着一头牛，从别人的田里走过。谁知那牛踩坏了人家的庄稼。田主火冒三丈，不由分说，把那头牛抢去了。凭牛主好说歹说就是不肯还。请问大王，要是您遇上这个案子该怎么审理呀？"

楚庄王说："我说应该把牛还给人家。"

"为什么？"

"牵着牛踩了人家的庄稼，这当然不好。可是，就为这个抢了人家的牛，不是太过分了吗？"楚庄王说到这里，忽然领悟出一个道理，他盯着申叔时看了好一会，又说："唔，原来你是转着弯子说我呢。好好好，我把'那头牛'退回给人家就是了。"

楚庄王于是就恢复了陈国，陈国的新国君陈成公从晋国回到陈国，他很感激楚庄王，就归附了楚国。中原的诸侯也都挺敬佩楚庄王的道义精神。

鬼谷子说："摩者，揣之术也。内符者，揣之主也。用之有道，其道必隐。"申叔时实在是太高明了，他早已揣摩出了楚庄王的心态，就是想：帮助了别人，同时还占有别人的土地。可是这件事不能直说，直说必然会招致杀身之祸，所以申叔时让楚庄王来断案，断完以后楚庄王发觉好像是在断自己，恍然大悟。申叔时可谓"用之有道，其道必隐"。

3. 申叔时的教育思想

申叔时强调人性教育的重要意义，强调教育对人性的塑造作用；在教学方法上，重视"教"与"导"、"辅"的相结合的教学方法，并最早提出了对受教育者进行行为教育的思想；强调德育教育，明确教育的目标和任务，这些思想在中国古代教育史上具有重要地位。

（三）历史评价

申叔时真是太高明了，连鬼谷子都不得不承认这个事实。

申叔豫

（一）生平简介

申叔豫，春秋楚康王时大夫，楚国公族，老于申（致仕退休）。其事迹俱见春秋内传、春秋外传。生卒无考。申叔时之孙。

（二）主要事迹

鲁襄公二十二年（前551），楚康王杀死了居心不良的宰相子南及其亲信观起，又任命薳子冯为令尹（相当于宰相）、公子齮为司马（掌管军旅的官）、屈建为莫敖（楚国特有的官职，其他不详）。得到薳子冯宠爱的有八个人。这八个人虽然没有禄位，却有许多马。过了几天，子冯上朝，跟申叔豫说话，申叔豫没理他，扭头就走。子冯追上去，申叔豫钻进了人群。子冯又追上去，申叔豫索性回家了。

退朝后，子冯去见申叔豫，说："今天你在朝廷上，三次给我难堪，我不得不来当面讨教。我有过错，请直说，为什么回避我呢？"申叔豫说："不久前子南宠爱观起，子南出了事，观起先被车裂（即五马分尸）了。我能不害怕吗？"子冯回到家中，对他宠爱的那八个人说："我去见申叔，这个人就是你们所说的'生死而肉骨'的人。如果跟我交好，就要像申叔这样做人；要不，咱们就分手。"子冯辞退了八个宠信，楚康王对他也就放心了。

"生死而肉骨"被炼为典故。也作"肉骨生死"。

（三）历史评价

申叔豫对朋友赤胆忠心，可亲可佩。

申鲜虞

（一）生平简介

申鲜虞，春秋时期齐国人，与闾丘婴同事齐庄王。生卒无考。杜注："庄公近臣。"既称申鲜虞，又称鲜虞，则申、其氏也，鲜虞盖其名。广韵申字注引申鲜虞，以申鲜为复氏。若以申鲜为复氏，则传不得称鲜虞矣，故其说非。

（二）主要事迹

鲁襄公二十五年（前548），崔弑杀齐庄公及其嬖臣。齐国间丘婴用车子的帷幕将其妻丘包捆起来，装上车，和申鲜虞乘一辆车逃走。申鲜虞把间丘婴之妻推下车，说，国君昏昧不能纠正，危险不能救援，死了不能跟着死，只知道藏匿自己所爱的人，有谁会接纳我们？他们走到夆中（今山东临淄西南）狭道，准备住下来。间丘婴说，崔氏、庆氏恐怕在追我们。申鲜虞说，狭路上一对一，谁能让我们害怕？于是他们就住下来，头枕着马鞍睡觉，醒来后，先喂饱马然后吃饭，再套上马走路。走出夆中，鲜虞对间丘婴说，快赶马，崔氏、庆氏人多，难以抵挡。遂逃奔到鲁。

（三）历史评价

申鲜虞在危难关头能够沉着冷静，令人佩服。

申徒嘉

（一）生平简介

申徒嘉，春秋时期郑国人。曾受刖刑，是一个断了双脚的人（即兀者），和郑国的子产一起拜伯昏无人为师。

（二）主要事迹

郑国有个得道人叫伯昏无人，应该跟他学习的人也不会少。当时郑国的国相子产就是他的学生。同时拜伯昏无人为师的还有一个人叫申徒嘉，没有腿，走路要靠双手或屁股往前挪，远远地看不像个人，倒像个圆球球。

子产谓申徒嘉曰："我先出则子止，子先出则我止。"

别看子产做到了国相的位子，相当于现在的国家总理，但道行不够，还把人借以生存的那个躯壳看得很重，总是觉得自己经常和一个连腿都没有的人同进学堂是件不光彩的事。于是就对申徒嘉说，老师上完课后，我要是先离开，你就停一会再走。你要是先离开，我就停一会再走。如果一起出门让别人看到了，太丢我国相的身份了。

其明日，又与合堂同席而坐。子产谓申徒嘉曰："我先出则子止，子先出则我止。今我将出，子可以止乎，其未邪？且子见执政而不违，子齐执政乎？"

第二天，子产又与申徒嘉到伯昏无人那上课。什么叫"同席而坐"呢？古代是没有高凳子的，地上铺个席子，同学们往席子上一坐，老师也就地一盘腿，上课就开始了。大概是那天老师上完课之后，子产就对申徒嘉说，过去我就跟你讲过的，我要是先离开，你就停一会再走。你要是先离开，我就停一会再走。今天呢，国家还有个重要的会议，我需要先走一步，你可以停一会再走吗？难道不可以吗？你见到我这样政权在握的人一点都不回避，难道你想和我平起平坐吗？

子产当时的表现一定是很傲慢的。没有得道的人往往会因为自己得到一些权势或钱财而生出许多的神气，平添不少霸气。但在真正得道的人看来，那些东西都是俗气，是十分可笑和丑陋的。

申徒嘉曰："先生之门，固有执政焉如此哉？子而说子之执政而后人者也？闻之曰：'鉴明则尘垢不止，止则不明也。久与贤人处则无过。'今子之所取大者，先生也，而犹出言若是，不亦过乎！"

申徒嘉看到子产得意忘形的样子就对他说：老师的家中还有你这样的执政大臣吗？我可是把你一直当人来看的，原来你不把自己当人，而是把自己当成个官来看呀。就算你是个官，那你就可以比别人优越吗？我听说，明亮的镜子上是没有尘垢的，有尘垢的镜子是不可能明亮的。只有经常与得道的人相处才会没有过错。你到老师这里来是干什么的呢？难道不是想让自己的过错少些吗？你现在说这样的话，难道不是过错吗？

子产曰："子即若是矣，犹与尧争善，计子之德不足以自反邪？"

子产看申徒嘉不接受自己的建议，就反驳说：你看你连腿都没了，好像要与尧帝比个高低似的。就你这德性，不应该反省吗？

申徒嘉曰："自状其过以不当亡者众，不状其过以不当存者寡。"

申徒嘉说：自己观察自己的过错，许多人会觉得自己有过错；如果自己不能主动地观察自己的过错，那么认为自己有错的人就很少了。自状，就是佛家讲的"观过"。修行不是修别人，而是修自己。因为外境是不稳定的，而且是不可控制的。当我们有烦恼的时候不要去找外界的原因，我们能做到的是调整自己，安伏自己的心。

"知不可奈何而安之若命，唯有德者能之。游于羿之彀中。中央者，中地也；然而不中者，命也。"

申徒嘉告诉子产说，知道没办法改变的事情就要接受，这就是大智慧。没有腿这件事，我早就放下了，接受了，而你却为我腿的事闹心，看来你的修行还很不够。人活在世上，是充满了危险的，每个人都像处在神箭手后羿的靶心，就是最中间的位置，你被射中，或者不被射中都是命，都要承认。

"人以其全足笑吾不全足者多矣，我怫然而怒；而适先生之所，则废然而反。不知先生之洗我以善邪？吾与夫子游十九年矣，而未尝知吾兀者也。今子与我游于形骸之内，而子索我于形骸之外，不亦过乎！"子产蹴然改容更貌曰："子无乃称！"

申徒嘉继续说，过去人们笑话我没有腿，对此，我总是勃然大怒。自从到了老师这里后，我出现了相反的表现，不是愤怒而是十分平静。你不知道是老师用善洗去了我心中的不快吗？我与老师学习了十九年，而老师好像根本不知道我是个没有腿的人。现在你与我都是和老师学习向内求法的人，而你的眼里只注意到我的形体，这是不是太肤浅了呢？

子产听了申徒嘉一番教诲，顿觉自己的渺小，赶快收起那份傲气，惭愧地说：不要再讲了，不要再讲了。我已经无地自容了。

（三）历史评价

人之所以为万杰之灵，就是因为人是可以德性圆满的。德性不圆满，即便是到了国相的位置也不失其卑微与渺小；德性圆满，即便是身体有残缺，也不失其光辉与高大。申徒嘉是我们学习的模样。

庄子认为，道德在内不在于形。道德出乎自然天性，不是出自人为，只有摒弃外物，不竞逐追求，心境平和，顺从自然，才会有充足的道德。他笔下的"德充之人"，都形残体畸，又无惊人举动，却能使人倾慕。庄子用这个虚构的故事，阐述了充实完满的道德应该"忘形贵德"。而在当今社会，又有几人能有如此境界呢？人们似乎已经习惯了戴着有色眼镜看事看人呢！

向古贤人学习吧，我们的世界一定是温馨无比！

三　战国2人：申详　申不害

申　详

（一）生平简介

申详，名或作祥。男，战国时期陈国人。生卒无考。一说为颛孙子张之子。相传与泄柳同为鲁穆公赞礼。

（二）主要事迹

《礼记·檀弓上第三》有申详的记载：子张病，召申祥而语之曰："君子曰终，小人曰死；吾今日其庶几乎！"曾子曰："始死之奠，其余阁也与？"曾子曰："小功不为位也者，是委巷之礼也。子思之哭嫂也为位，妇人倡勇；申祥之哭言思也亦然。"

子张病重，召申详来对他说："君子去世称'终'，一般人去世称'死'。我现在大概差不多可以说'终'了吧。"曾子说："刚死时设的奠，用的是剩余的食品吧？"曾子说："小功不序列亲疏号哭，是曲街巷里的人做的事情。子思哭他的嫂子就在规定的位上，妇人带头跳跃。申祥哭言思也是如此。"

（三）历史评价

就《礼记·檀弓上第三》来看，曾子对申祥还是持肯定态度的。

申不害

（一）生平简介

申不害（约前385—前337）亦称申子，男，郑韩时期郑

（今河南新郑）人。战国时期韩国著名的思想家。他在韩为相19 年，使韩国走向国治兵强。作为法家人物，以"术"著称，是三晋时期法家中的著名代表人物。

郑国灭国之时，申不害年岁约在 20—30 岁之间。作为一个亡国之贱臣，申不害可能杂学诸说。因为在他之前的管子、李悝、慎到的学术理论中都有"术"的成份。有人根据申不害思想中有道家思想的痕迹，认为他是由道入法。这种说法有一定道理，但不能把他的思想仅归为道法两家。

申不害相韩时，韩国已处弱势。韩昭侯即位不久，颇具雄心，任用贱臣申不害即为一例，申不害才华得有用武之地。

（二）主要事迹

1. 相韩之前

申不害原是郑国京邑（今郑州荥阳东南京襄城）人，曾为郑国小吏，韩哀侯二年（前375），韩国灭掉郑国，遂成为韩人，并做了韩国的低级官员。

韩昭侯四年（前354），素与韩有隙的魏国出兵伐韩，包围宅阳（今郑州市北）。面对重兵压境的严重局面，韩昭侯及众大臣束手无策。危急关头，申不害审时度势，建议韩昭侯执圭（古时臣下朝见天子时所执的一种玉器）去见魏惠王。申不害说：我们"非好卑而恶尊"，也"非虑过而议失"，而是要解国家危难，最好的办法是示弱。"故降心以相从，屈己以求存也。"今魏国强大，鲁国、宋国、卫国皆去朝见，您执圭去朝见魏王，魏王一定会心满意足，自大骄狂。这样必引起其他诸侯不满而同情韩国。"是我免于一人之下，而位于万人之上也。夫弱魏之兵，而重韩之权，莫如朝魏。"（《战国策·韩策三》）韩昭侯采纳申不害建议，亲自执圭去朝见魏惠王，表示敬畏之意。魏惠王果然十分高兴，立即下令撤兵，并与韩国约为友邦。申不害亦由此令韩昭侯刮目相看，逐步成为韩昭侯的重要谋臣，得以在处理国家事务上施展自己的智慧和才干。

公元前353年，魏国又起兵伐赵，包围了赵国都城邯郸。赵成侯派人向齐国和韩国求援。韩昭侯一时拿不定主意，就询问申不害，应如何应对。"申不害始合于韩王，然未知王之所欲也。"（《战国策·韩策一》）申不害担心自己的意见万一不合国君心意，不仅于事无补还可能惹火烧身，便回答说："此安危之要，国家之大事也。臣请深惟而苦思之。"就是说这是国家大事，让我考虑成熟再答复您吧！随后，申不害不露声色地游说韩国能言善辩的名臣赵卓和韩晁，鼓动他们分别向韩昭侯进言，陈述是否出兵救赵的意见，自己则暗中观察韩昭侯的态度，摸透了韩昭侯的心思。于是便进谏说应当联合齐国，伐魏救赵。韩昭侯果然"大悦"，听从了申不害意见，与齐国一起发兵讨魏，迫使魏军回师自救，从而解了赵国之围。这就是历史上著名的"围魏救赵"的故事。

韩昭侯从申不害处理外交事务的卓越表现及其独到的见解，发现这位"郑之贱臣"，（《史记·老子韩非子列传》）原来是难得的治国人才，于是便力排众议，在公元前351年，破格拜申不害为相，以求变革图强。

在申不害相韩之前，韩国也曾进行过改革，但由于改革不彻底，政治上造成一些混乱。"晋之故法未息，而韩之新法又生；先君之令未改，而后君之令又下。"（《韩非子·定法篇》）一些贵族官吏便乘机欺上瞒下，各自为政，导致吏治腐败，国弱民贫。针对这种情况，申不害"学术以干韩昭侯"（《史记·老子韩非列传》）主张以法治国，实行进一步改革，并汲取道家"君人南面之术"加以改造，提出了一整套"修术行道"，"内修政教"的"术"治方略。

2. 修术行道

"术"是讲国君如何控制大臣、百官，是君主驾驭臣下的手腕、手法，也就是权术。正如刘泽华先生所说："术不同于法，法的对象是全体臣民，术的对象是官吏臣属；法要君臣共守，术由国君独操；法要公开，术则藏于胸中；法是一种明确的规定，术则存于心中，翻手为云，覆手为雨。"其核心包括两个方面：一是任免、监督、考核臣下之术，史称"阳术"，这就是《韩非子·定法》篇所说的："因任而授官，循名而责实，操杀生之柄，课群臣之能。"二是驾驭臣下、防范百官之术，人称"阴术"。

申不害主张君主"无为"，但大臣必须有能力，而且要有为。他主张任命官吏必须名实相副，即根据官吏的职务要求（名），看一个人有没有能力胜任（实），然后才能授官。而不是根据出身血统、也不是根据与君主个人关系的远近授官。要求管经济要会管经济，管司法的要管好司法，管军事的要会用兵打仗，管行政的则要懂行政、用人，任何人都不能滥竽充数。这是对世卿世禄制的否定。

"操杀生之柄"，要求君主掌握生杀大权，强调君主在国家政权中的独裁地位，要求臣下绝对服从君主，即"尊君卑臣"。君主要独断，要把生杀大权牢牢掌握在自己手中，绝不能大权旁落。具体工作可以交给臣下，国君不必事必躬亲。

　　"课群臣之能"，则是对群臣进行监督、考查、防范。国君任命了臣下，理所当然地要求臣下忠于职守、严格遵守法令，并要防止臣下篡权夺位。因此臣下是否真正胜任所担负的任务？工作业绩如何？其属下臣民有何反映？有没有违法乱纪、以权谋私的现象？有没有人要搞阴谋诡计？所有这些都必须进行考查。这是保证行政工作效率和国治民安的重要手段。以上主要是"阳术"。

　　但只有"阳术"还不够，还必须有"阴术"。因为做国君是天下之大利，人人都想取而代之。"天子轮流做，今日到我家。"这是从古至今的一句口头禅。君主要集权，某些权臣、重臣也会想揽权、篡权。因此，在新兴地主阶级夺取政权之后，防止某些权臣专权、揽权，甚至进行篡权活动就成为当时的一个重要社会问题。这就要求国君善于控制臣下，及时发现臣下的毛病和阴谋。为此，君主就需要设一些耳目，及时了解、掌握臣下的情况，后来就发展到搞特务活动。

　　申不害在韩国实行以"术"为主的法制，经过15年改革，加强了君主集权，使韩国"国治兵强"，政治局面比较稳定，国力也有所增强。但实行这种政策也产生了另一个后果，即"一言正而天下定，一言倚而天下靡。""术"取决于君主本人的才能，君主本人比较正确，有能力，国家就会比较兴旺；相反，国家就会陷入混乱，老百姓就会遭殃。正因为申不害与韩昭侯用"术"有余，定法不足，"不擅其法，不一其宪令"，因此并没有从根本上解决韩国的问题。韩昭侯一死，韩国很快又衰落了。但申不害重"术"的法制思想却为历代封建帝王加强君主集权提供了理论和经验，也为一些人搞阴谋诡计开了先河。

3. 徇私谋官为试探

申不害还反对立法行私。"天道无私，是以恒正；天道常正，是以清明。"认为国君既要掌握驾驭群臣的"术"，又要做到正直无私，这样臣下才能忠于职守。他曾对韩昭侯说："法者，见功而行赏，因能而受官。今君设法度而左右之请，此所以难行也。"（《韩非子·外储说左上》）然而，《战国策》中却记述了这样一件事：申不害私下请求韩昭侯给自己的堂兄封一个官职，韩昭侯不同意，申不害面露怨色。韩昭侯说："这可是从你那里学到的治国之策啊！你常教寡人要按功劳大小授以官职等级，如今又请求为没有建立功业的兄弟封官，我是答应你的请求而抛弃你的学说呢？还是推行你的主张而拒绝你的请求呢？"申不害慌忙请罪，对韩昭侯说："君王真是贤明君主，请您惩罚我吧！"对申不害"请仕其从兄官"这件事，史家历来多有微词，有说其虚伪投机的；亦有说其推行"法治"不坚决的，但从申不害重"术"和当时复杂的社会背景来考察，倒不如说这是他对韩昭侯的一次试探，正是韩昭侯对"徇私谋官"的严正态度，使申不害看到韩昭侯真是一位有作为的贤明君主，从而坚定了助其变法革新的决心。

4. 变法改革

申不害在韩国变法改革，第一步就是整顿吏治，加强君主集权统治。在韩昭侯的支持下，首先向挟封地自重的侠氏、公厘和段氏三大强族开刀。果断收回其特权，摧毁其城堡，清理其府库财富充盈国库，这不但稳固了韩国的政治局面，而且使韩国实力大增。与此同时，大行"术"治，整顿官吏队伍，对官吏加强考核和监督，"见功而与赏，因能而授官"（《韩非子·

外储说左上》），有效提高了国家政权的行政效率，使韩国显现出一派生机勃勃的局面。随后，他又向韩昭侯建议整肃军兵，并主动请命，自任韩国上将军，将贵族私家亲兵收编为国家军队，与原有国兵混编，进行严酷的军事训练，使韩国的战斗力大为提高。特别值得一提的是，申不害为富国强兵，还十分重视土地问题。他说："四海之内，六合之间，曰'奚贵，土，食之本也。（《太平御览》引）又说："昔七十九代之君，法制不一，号令不同，而俱王天下，何也？必当国富而粟多也。"（《申子·大体编》）因而他极力主张百姓多开荒地，多种粮食。同时，他还重视和鼓励发展手工业，特别是兵器制造。所以战国时代，韩国冶铸业是比较发达的。当时就有"天下之宝剑韩为众"、"天下强弓劲弩，皆自韩出"（《战国策·韩策一》）的说法。

申不害相韩 15 年，"内修政教，外应诸侯"，帮助韩昭侯推行"法"治、"术"治，使韩国君主专制得到加强，国内政局得到稳定，贵族特权受到限制，百姓生活渐趋富裕，史称"终申子之身，国治兵强，无侵韩者。"（《史记·老子韩非子列传》）韩国虽然处于强国的包围之中，却能相安无事，成为与齐、楚、燕、赵、魏、秦并列的战国七雄之一。

5. 明法察令

申不害认为，国君治国的主要方法就是"明法察令"。他说："尧之治也，善明法察令而已。圣君任法而不任智，任数而不任说。黄帝之治天下，置法而不变，使民安乐其法也。""智"是指以个人的政治素养、品德施政。"数"即是"法度"、"法律"。他曾说，人君"失之数而求之信，则疑矣。"这里的

"数"与上引文中的"数"所指是相同的，即是国家的法律。"信"与上文的"智""说"义同，是指凭个人的行为。

申不害认为君主只有用法才能使群臣的行为统一起来，只有用法的标准来衡量群臣的行为，才能使国家得以正。他把法比作称量物体的权衡，用来考察群臣的行为。"君必有明法正义，若悬权衡以称轻重，所以一群臣也。"用"法"来治理国家，用"法"的标准来检验官吏的行为，国家才能够得到治理，官吏的行为才有一个正确的检验标准，封建统治秩序才能巩固。

6. 学术思想

申不害的学术思想，明显地受到道家的影响，他的直接来源是老子还是慎到，不得而知。但他的哲学思想与慎到有极相似之处，他们都遵循老子的大统一哲学。"人法地，地法天，天法道，道法自然"。申不害认为，自然运行是有规律的，也是不可抗拒的。他认为宇宙间的本质是"静"，其运动规律是"常"。他要求对待一切事情应以"静"为原则，以"因"为方法，"因"指"因循"，"随顺"。"贵因"指"随事而定之"，"贵静"的表现就是"无为"。申不害把这些原则用于人事，构成他的社会哲学思想。"无为"主张的渊源即《老子》的"绝圣弃智"，申不害的"无为"，要求的是君主去除个人作为的"无为"，以便听取臣下的意见。但是，申不害仅仅把这种"静因无为"的哲学思想用于"权术"之中。

为了完善这种方法，他进一步发挥《老子》"柔弱胜刚强"的思想，要求君主"示弱"，决不是指君主无所作为，只是君主决策前的一种姿态。在关键时刻，申子要求君主独揽一切，决断一切。申不害的哲学思想，是君主哲学，是政治哲学。这种哲学由道家的"天道无为"演化发展来，是他的法家"权术"思想的基础。

申不害主"术"，但他所说的"术"，是在执行法的前提下使用的，而"法"又是用来巩固君主统治权的。因此他并不是不讲"法"与"势"的。

关于君主的权势，申不害认识得很清楚。在战国诸侯争霸的情形下，君主专制是最能集中全国力量的政权形式，也是争霸和自卫的最佳组织形式。他说："君之所以尊者，令也，令之不行，是无君也，故明君慎之。"令是权力的表现，是一种由上而下的"势"能。"权势"是君主的本钱。

申不害提出："君必有明法正义，若悬权衡以秤轻重。"为了说明"法"，他提出"正名责实"的理论。"正名"主张，首先由孔子提出。申不害吸收了这个主张，是名分等级，不得错乱。与孔子"正名"不同之处在于包括责任、分工的内涵。申子"正名"的意义在于确定了"主处其大，臣处其细"的大原则，而且把这个原则具体化，即把名分按实际情况规定下来，然后进行任命，听取意见，检查监督。

申不害的"名"，主要是政治概念，他的"名"是法的等值概念，是为人君制定的工具。所谓实，也就是君主给臣下规定的责任和职权，是臣下遵从君主的规范。申不害本来是劝戒君主发号施令要慎之又慎的，但其效果是加强了君主的个人专制。申不害找不到如何提高君主权威，而又能制约君主的方法，这是一个二律背反的问题。

什么是"术"？申不害没有明确规定。"术"是君主的专有物，是驾驭驱使臣下的方法。"法"是公开的，是臣民的行动准则，而术却是隐藏在君主心中，专门对付大臣的。申不害说，"君如身，臣如手"，既然如此，君主仍要对付大臣是由复杂的社会斗争所决定的。春秋战国时，臣下弑君，酿成习气。现实告诉申不害，人君的主要威胁不是来自民众或敌国，而是来自大臣。所以他一再告诫君主，对君臣关系要有清醒的认识，那就是不相信所有的大臣。

申不害认为，君主有了势，定了法，其地位还不是稳固的，必须有两面之术，不然势与法就会变得威严而不受用，刻板而不通达。如果以术来联通势与法，就如虎添翼，无论动静，都会使臣下慑服。他的术分两类，一类是控制术，像前面提到的"正名责实"，就是讲规定职责，考校监督的。还有如君主以静治动的，无为而治的，这些属于领导管理方法，有一定的合理性。另一类是搞阴谋，耍手腕，弄权术。

玩弄权术，当然不是自申不害开始的，但他是第一个在理论上的系统研究者，这在官场的政治斗争中，很受历代统治者的喜爱。但从本质上说，无补于稳固政权。因为既然有驭臣之术，必有欺君之方，尔虞我诈，你争我斗，加剧了政权的不稳定性。

申不害研究术，有正面的领导控制方法，也有阴谋诡计，我们现在不能说他是否道德，但可以说，他的思想和研究是可以启迪后人的。

7. 个人作品

《申子》即战国时期法家申不害的著作。《史记·老子韩非列传》载申子"本于黄老，而主刑名，著书两篇，故名《申子》"。《汉书·艺文志》载《申子》六篇。据《史记集解》引刘向《别录》讲："今民间所有上下二篇，中书六篇，皆合，二篇已备。"可见只是分法不同。该书已失传，从《汉书·宣帝纪》颜师古注知有《君臣篇》。《淮南子·泰族》讲："申子之三符"，不知是篇名还是仅指符验之术。唯《大体篇》保存于《群书治要》第三十六卷。另有马总《意林》收集了申不害的一些言论，共六节。清马国翰《玉函山房辑佚书》有《申子》辑本，已非原貌。

（三）人物评价

申不害以术治国，对韩政权的巩固起到了良好的作用，在中国历史上有着深远的影响，后世帝王在其统治政策中，也或多或少地用申不害的术去治御臣下，从而加强帝王的权力。

司马迁在《史记》中对申不害的变法成绩做出了肯定，说申不害在韩国变法的十几年里，国家太平、富强，兵力也非常强大，使得别的国家对韩国不敢有吞并之心。而且，韩国还扩大了自己的疆土。公元前353年，韩国攻打东周，占领了好几个城池，公元前346年，韩国又和魏国联合出兵，占领了楚国的上蔡（今河南上蔡西南）。因此，申不害是历史上一个不容忽视的改革家，尤其是他提出的官员考核制度，给后代的君主选拔官员提供了很好的借鉴。

1. 肯定之声

在韩国历史上，申不害是一个值得重视的政治改革家。

申不害以术治国，对韩政权的巩固起到了良好的作用，在中国历史上有着深远的影响，后世帝王在其统治政策中，也或多或少地用申不害的术去治御臣下，从而加强帝王的权力。

申不害相韩15年，"内修政教，外应诸侯"，帮助韩昭侯推行"法"治、"术"治，使韩国君主专制得到加强，国内政局得到稳定，贵族特权受到限制，百姓生活渐趋富裕，史称"终申子之身，国治兵强，无侵韩者。"韩国虽然处于强国的包围之中，却能相安无事，成为与齐、楚、燕、赵、魏、秦并列的战国七雄之一。但总体上来说，申不害的改革是很有成绩的。

而且，韩国还在扩张上取得不小成绩。公元前353年攻东周，取陵观、刑丘、高都、利，公元前346年韩国又与魏国联合出兵，攻取了楚国的上蔡。看来，申不害的学说尽管被韩非指出有许多不足，但他主持的韩国变法，确实是收到了富国强兵的效果。

"申不害者，京人也，故郑之贱臣。学术以干韩昭侯，昭侯用为相。内修政教，外应诸侯，十五年。终申子之身，国治兵强，无侵韩者。申子之学本于黄老而主刑名。著书两篇，号曰《申子》。"申不害是京异人，以前郑国的一位低级官吏。他研究学术来向韩昭侯自荐，昭侯任用他做宰相。他对内修明政令教化，对外应对各方诸侯，执政十五年。一直到申子去世，国家得到治理，军力强大，没有哪个国家敢于侵犯韩国。申子的学术本源是黄老但主要方面是刑名法术。著作了二篇书，叫作《申子》。

2. 怀疑之声

申不害没有把法放到主要地位，而主要讲究的是术，所以韩非批评他说："申不害不擅其法，不一其宪令，则奸多。"

申不害所讲的术，客观上是君主专制统治体制下封建官僚制度推行后必然的产物。这种阴谋权术，不仅国君可以用来驾驭臣下，大臣也可以用来争权夺利，"故申不害虽十使昭侯用术，而奸臣犹有所谲其辞矣。"申不害这样用术来加强中央集权的统治，成效是比较差的。

生怕自己不小心就会出岔子，在工作中他更是秉公执法，可是申不害其他方面都好，就是做人的问题上，却不坚持自己的原则，看着韩国强大起来了，申不害开始犯糊涂了。

申不害虽然主张按功劳授予官职，但他并没有以身作则。《战国策》中就载有一个他"走后门"的故事。古话说得好，"一人得道鸡犬升天"，虽然申不害的那些亲戚不怎么样，但是申不害他要把自己家族带起来啊，便向韩昭侯请求给自己的那些叔叔哥哥一个官来做做，好让自己的家族从本质上也跟着"脱贫"，虽然申不害为了韩国是功不可没，但是韩昭侯要将变法进行到底，又怎么能为申不害开后门呢？何况申不害还是发起者呢？韩昭侯见到这样的情形，便对申不害说："我向你学习的目的，是打算用来治理国家的，现在是听从你的请求而废弃你的学说呢，还是实行你的学说而废弃你的请求呢？你不是经常教导我，'修治功劳记录，必须审视功劳大小来任用人'，而现在你却在法外另有私求，那我听谁的话才对呢？"申不害听到这句话之后，更像只害羞的斑马，这次不是气的，而是真的觉得羞愧，他也知道自己错了，便赶紧和韩昭侯道歉。

虽然申不害想通过走后门的形式来实现家族的"大翻身"，这种做法被人所唾弃，但是这也是能理解的，自己受过被歧视的苦，当然不喜欢自己的亲人再重蹈自己的覆辙，但我们不得不说的是，申不害确实还是有点魄力的，单凭他知错就能改，就足以显示出他身为相国的非凡气质，最终，有着这样秉公执法对待下属一视同仁的领导，韩国不富起来也是不可能的，申不害实现了自己的价值，带领着韩国人民奔向了"小康社会"，可现实往往很残酷，申不害一辈子就是命运多舛，别看他这会在韩国风生水起，这魏国马上就要来找麻烦了，申不害的好日子马上就要到头啦。

综观申不害的生平事迹和各种政治行为，可以窥见他的确是一位默默无闻的小奴隶，咸鱼翻身成为宰相，他是多么想在那个混乱的年代，努力的想拥有着自己的一席之地。至于申不害的"权术"学说，"玩弄权术"，当然不是自申不害开始，但是他是第一个在理论上的系统研究者，这为韩国实现中央集权提供了帮助，但是从本质上说，既然有驭臣之术，必有欺君之方，尔虞我诈，你争我斗，也加剧了政权的不稳定性。总而言之，我们应该客观分析申不害此人。

第三章

申氏历史名人（秦汉—南北朝）

一　秦朝1人：申阳

申　阳

（一）生平简介

申阳是秦朝末年楚汉战争时期瑕丘人。男，生卒无考。本来是赵国张耳的宠臣也。

（二）主要事迹

本来是赵国张耳的宠臣也。秦末，项羽率领联军进攻秦朝的时候，申阳首先攻下河南地区（洛阳一带），在黄河迎接项羽南下。项羽入关分封诸侯时，立申阳为河南王，把洛阳作为他的首都。后来，刘邦与项羽开战之后，投降刘邦，其地为河南郡。

（三）历史评价

申阳在历史转折关头，具有远见卓识，佩服佩服！

二　两汉时期 10 人：申公　申朔　申挽
申章昌　申威　申屠嘉　申屠刚
申屠蟠　申屠朗　申鲜泹

申公（培公）

（一）生平简介

申公，名培，男，《史记·儒林列传》称"申培公"，鲁（今山东曲阜一带）人。生卒年不详。年轻时与楚元王刘教一起在齐人浮丘伯老师那里学习《诗经》。后来成为中大夫，所传之《诗经》为《鲁诗》。文帝时为博士，武帝初征为太中大夫，时年八十余。后病免归。西汉经学大师、今文诗学"鲁诗学"开创者，对《诗经》的保存和流传有重要贡献。

（二）主要事迹

秦燔《诗》《书》，而学归民间。西汉初年，儒家"五经"（《诗》《书》《礼》《易》《春秋》）渐次出现，而《诗》出现最早；传《诗》四家（齐、鲁、韩、毛），又以鲁诗为先，因于诸家诗中影响最大。

申公受《诗》于齐人浮丘伯，浮丘伯受《诗》于荀子，故申公为荀子的再传弟子。汉初，汉高祖刘邦过鲁祭孔，"申公以弟子从师入见"（《史记·儒林列传》），"吕太后时，浮丘伯在长安，楚元王遣子郢与申公俱卒学"（《汉书·儒林列传》）。楚元王死后，子郢嗣立为楚王，令申公作太子戊的师傅。而刘戊不好学，颇以申公教授为苦。及刘戊继位，即罚申公劳役，形同奴隶。申公以此为耻，回到故乡，教授《诗经》，非弟子门人，拒绝接待宾客。当时从远方往受业者，有1千余人。武帝时，其弟子王臧（山东苍山兰陵镇人）任郎中令，赵绾（山西代县人）为御史大夫，奏请迎其师申公，"上使使束帛加璧，安车以蒲裹轮，驾驷迎申公，弟子二人乘轺传从"。（《汉书·儒林传》）时申公已80余岁。武帝问治理国家之事，申公答云："为治者不在多言，顾力行何如耳。"（同上）当时"上方好文辞，见申公对，默然。然已招致，即以为太中大夫，舍鲁邸，议明堂事"（同上）。后因武帝祖母窦太后喜好《老子》学说，不悦儒术，就罗织王臧、赵绾的罪状，使武帝废明堂事，收审王臧、赵绾，两人遂自杀，申公亦因病免归，家居数年而卒。

关于申公传诗，司马迁说："申公独以《诗》经为训以教，无传，疑者则阙不传。"（《史记·儒林列传》）班固则云："鲁申公为《诗》训故。"（《汉书·艺文志》）对于两家说法，解说歧异。大致说来，汉时去古未远，申公授诗，只是口头讲解，未形成文字，而其门人略有所记，再有发挥，转相师承，遂为汉代鲁诗家法。至《汉书·艺文志》所载《鲁故》、《鲁说》二书，清人王先谦认为，《鲁故》为申公所著，《鲁说》为其弟子续为补充（见《诗三家义集疏》）。

在西汉时期，诸家诗中鲁诗最为盛行，影响也最大。汉初几代帝王习鲁诗，申公弟子及再传弟子不少在朝廷和地方担任要职。武帝时鲁诗立为博士，申公弟子十数人为博士。其弟子孔安国（经学家，山东曲阜人）等，"其治官民皆有廉节称。其学官弟子行虽不备，而至于大夫、郎、掌故以百数。申公卒以《诗》、《春秋》授，而瑕丘江公尽能传之，徒众最盛。"（《汉书·儒林列传》）清人陈乔枞承班固于诗本义"鲁最近之"（《汉书·艺文志》）的说法，认为："马、班、范三史所载，汉百家著述所称，亦未尝无绪论之存，足以资考证佚文。……凡荀子书中说诗者，大都为鲁训所本。孔安国从申公受诗为博士，太史公（按指司马迁）尝从孔安国受业，所习当为鲁诗。刘向父子世习鲁诗，著《说苑》、《新序》、《列女传》诸书，其所称述，必出于鲁诗无疑矣。《白虎通》诗皆为鲁说，《尔雅》亦鲁诗之学。"（《三家诗遗说考序》）

流传于鲁地的申公诗学称"鲁诗"，而当时流传于齐地的诗学则称"齐诗"；"齐诗学"的开创者为辕固，齐（今山东淄博市临淄区）人。辕固以研活《诗经》，景帝时立为博士。曾在景帝面前，与道家学派的黄生论辩汤武诛桀纣，他以儒家经义驳斥黄生汤武以下杀上、以臣弑君的论点，认为汤武诛桀纣是顺乎民心、合乎正义的行为。又与窦太后评论儒道优劣，诋毁《老子》，触怒好黄老之学的窦太后，令其入圈与野猪搏斗，幸得景帝给他一把快刀，才把野猪刺死，免于治罪。后曾为清河王太傅，以病免职。武帝即位，征为贤良，因诸儒嫉毁，罢归，其时已 80 余岁。

据荀悦《汉纪》，辕固著有《诗内外传》，《汉书·艺文志》著录有《齐后氏故》、《齐孙氏故》、《齐杂记》，均佚。清人马国翰辑有《齐诗传》2 卷。齐诗至西汉后期与阴阳五行之说相结合，盛行一时，"诸齐以诗显贵，皆固之弟子也"（《汉书·儒林传》）。齐诗派别甚多，而以翼奉一派最盛。然固其与阴阳五行说相结合，并与谶纬神学合流，降低了齐诗的学术价值。

"四家诗"中，"毛诗"后起，而流传最为久远。"毛诗学"

的开创者毛亨（生卒年不详），鲁（今山东曲阜市）人。或云为河间（今河北献县东南）人。世称"大毛公"。据说毛亨诗学承荀子，于汉初开门授徒，作《诗训故传》，简称《毛传》，传于赵人毛苌，世称"小毛公"。《毛传》训释《诗经》多存古义，为研究《诗经》的重要著作。《毛诗序》为我国文学批评史上论诗的重要文献，为儒家自先秦至汉初诗论的总结。毛诗长期在民间传授，东汉后期始立学官，经贾逵、马融等经学大师的倡导，又经郑玄作《毛诗笺》，其学大行，逐渐取代鲁、齐、韩三家诗的地位。此后，齐诗早亡，鲁诗亡于西晋，韩诗亡于北宋，而毛诗一直流传至今。

汉时鲁、齐、韩、毛四家诗，其中鲁、齐、毛三家的创始者均为齐鲁即今山东籍人，可以说汉时诗学在齐鲁。诸家诗学，都以阐述儒家学说为宗旨；各立门户、自成师法的目的，有学术思想斗争的意义，亦为争立学官、仕宦显达之阶梯。但是，汉代诗学奠定了封建社会两千余年《诗经》研究的基础，对于《诗经》这一重要文化典籍的保存、流传，有不可磨灭的贡献。

（三）历史评价

申公是西汉经学大师、今文诗学"鲁诗学"开创者，对《诗经》的保存和流传有重要贡献。

申　朔

（一）生平简介

申朔，字元游，男，西汉时期苍梧人。生卒无考。

（二）主要事迹

申朔年轻廉洁谨慎，常穿短衣布裤，不穿绸缎衣服，乡邑的人都叹慕他。后来推举为孝廉，做了九真都尉。再后来，因为征讨瑶贼有功，老百姓都很感激他而颂其德。

（三）历史评价

申朔能够做到让"百姓颂其德"，确实不容易。

申　挽

（一）生平简介

申挽，男，西汉人。生卒无考。

（二）主要事迹

宣帝时为侍郎，主要研究《公羊春秋》。西汉时期的经学大师。

（三）历史评价

申挽在研究和传播《公羊春秋》方面做出了杰出的贡献，是西汉时期的经学大师。

申章昌

（一）生平简介

申章昌，字曼君，男，楚（今江苏北部一带）人。生卒无考。西汉经学家。

（二）主要事迹

精《谷梁春秋》，为博士，官至长沙太傅。从学者盛，因此《谷梁春秋》有申章氏学。

（三）历史评价

申章昌，西汉著名的经学家。

申　威

（一）生平简介

申威，男，西汉时期延陵人。生卒无考。

（二）主要事迹

申威官至鸿胪卿。具体事迹无考。

（三）历史评价

申威官至鸿胪卿，是一个了不起的人物。

申屠嘉

（一）生平简介

申屠嘉（？—前155），男，西汉时梁（治今安徽砀山）人。他以一个能拉强弓硬弩的武士的身份，后跟随汉高帝攻打项羽，因军功升任一个叫做队率的小官。跟随高帝攻打黥布叛军时，升任都尉。在孝惠帝时，升任淮阳郡守。孝文帝元年（前179），选拔那些曾经跟随高帝南征北战，现年俸在二千石的官员，一律封为关内侯的爵位，得封此爵的共二十四人，而申屠嘉得到五百户的食邑。张苍任丞相之后，申屠嘉升任为御史大夫。张苍免去丞相之后，孝文皇帝就任命申屠嘉为丞相，就以原来的食邑封他为故安侯。

（二）主要事迹

1. 西汉名相申屠嘉

申屠嘉为人廉洁正直，在家里不接受私事拜访。当时太中大夫邓通特别受皇帝的宠爱，皇帝赏赐给他的钱财已达万万。汉文帝曾经到他家饮酒作乐，由此可见皇帝对他宠爱的程度。

当时丞相申屠嘉入朝拜见皇帝，而邓通站在皇帝的身边，礼数上有些简慢。申屠嘉奏事完毕，接着说道："皇上您喜爱您的宠臣，可以让他富贵，至于朝廷上的礼节，却是不能不严肃对待的。"皇帝说道："请您不要再说了，我对邓通就是偏爱。"申屠嘉上朝回来坐在相府中，下了一道手令，让邓通到相府来，如果不来，就要把邓通斩首。邓通非常害怕，进宫告诉了文帝。文帝说："你尽管前去无妨，我立刻就派人召你进宫。"邓通来到了丞相府，摘下帽子，脱下鞋子，给申屠嘉叩头请罪。申屠嘉很随便地坐在那里，故意不以礼节对待他，同时还斥责他说："朝廷嘛，是高祖皇帝的朝廷。你邓通只不过是一个小臣，却胆敢在大殿之上随随便便，犯有大不敬之罪，应该杀头。来人哪，现在就执行，把他斩了！"邓通磕头，头上碰得鲜血直流，但申屠嘉仍然没有说饶了他。文帝估计丞相已经让邓通吃尽了苦头，就派使者拿着皇帝的节旄召邓通进宫，并且向丞相表示歉意说："这是我亲狎的臣子，您就饶了他吧！"邓通回到宫中之后，哭着对文帝说："丞相差点杀了我！"

2. 申屠嘉与晁错

申屠嘉担任丞相五年之后，孝文帝去世了，孝景帝即位。景帝二年（公元前155年），晁错担任内史，因为受皇帝宠爱，地位很高，权力也很大，许多法令制度他都奏请皇帝变更。同时还讨论如何用贬谪处罚的方式来削弱诸侯的权力。而丞相申屠嘉也有感于自己所说的话不被采用，因此忌恨晁错。晁错担任内史，内史府的大门本来是由东边通出宫外的，使他进出有许多不便，这样，他就自作主张凿一道墙门向南通出。而向南出的门所凿开的墙，正是太上皇宗庙的外墙，申屠嘉听说之后，就想借晁错擅自凿开宗庙围墙为门这一理由，把他治罪法办，奏请皇上杀掉他。但是晁错门客当中有人把这件事告诉了他。晁错非常害怕，连夜跑到宫中，拜见皇上，向景帝自首，说明情况。到了第二天早朝的时候，丞相申屠嘉奏请诛杀内史晁错。景帝说道："晁错所凿的墙并不是真正的宗庙墙，而是宗庙的外围短墙，所以才有其他官员住在里面，况且这又是我让他这样做的，晁错并没有什么罪过。"退朝之后，申屠嘉对长史说："我非常后悔没有先杀了晁错，却先报告皇帝，结果反被晁错给欺骗了。"回到相府之后，因气愤吐血而死，谥号为节侯。

3. 申屠嘉的去世

公元前155年，当了两朝宰相，经历了汉高祖刘邦、汉惠帝刘盈、汉高后吕雉、汉文帝刘恒、汉景帝刘启五朝元老的申屠嘉在自己的家中呕血而死。申屠嘉既没有死在对敌斗争的最前线，也没有因为忘我工作、劳累过度而死，而是自己活活气死的。其死本没有值得大加弘扬的必要，也没有可歌可泣的事迹可陈，外人看来，一个倔老头死了，还是自己和自己怄气而死，有什么大惊小怪？再说了，贵为一人之下万人之上的申屠嘉死了，不是为孜孜以求官位的人腾出了位置吗？而真正读过《史记》和《汉书》，详加揣测的人，就不能不为申屠嘉之死而长叹一声。

《史记》以及《汉书》中对曾经的五朝元老——申屠嘉都有记载，故事版本几乎一致，所用笔墨也惊人的相似。出身于草根的申屠嘉曾经跟随刘邦做过能拉强弓硬弩的武士，因和项羽作战有功，担任了一个小队长的官衔。后来累积战功，升到了都尉的官衔。汉惠帝时，作了淮阳守。汉文帝继位后，把跟随刘邦当年的还健在的老臣一律封为关内侯，申屠嘉于是也忝列其中，并且作了御史大夫的职位。按照正常的情形，申屠嘉在这个位置上该好好发挥自己的特长，适当的时候可以给皇上建言献策，提提意见。要不然就闭嘴不谈，享受自己年俸二千石的待遇，颐养天年是最好的结局。但历史却在这个时候峰回路转，给了申屠嘉一个估计他想都没有想过的机会。

汉文帝初年，丞相张苍失意被免职了，于是遴选丞相人选成为当务之急。作为皇帝的刘恒非常想启用皇后的弟弟、自己的小舅子窦广国担任宰相，虽然小舅子的才能不错，但作为开明之君的刘恒却担心天下人议论自己任人唯亲，从避嫌的角度考虑只好另选他人。当时跟随刘邦打天下的一帮子老臣们大都去世，实在是没有资历和才能都符合心意的人，于是申屠嘉就成为皇帝的暂时首选。其中原因有二：一是申屠嘉是三朝老臣，资历够老；二是申屠嘉做过御史大夫，为人清廉，家里一般不接受私人访问。比如想过节送点礼之类，申屠嘉一概不接待。如果是公事，申屠嘉也要求到办公室去谈。这就在刘恒心中留下了好印象，于是在才能不见得足以服众的情况下，人品和口碑较好的申屠嘉勉为其难的成为了辅佐皇帝的丞相，历史也许就在这个时候为申屠嘉埋下了悲哀的祸根。

4. 申屠嘉和弄臣邓通

《史记》和《汉书》中的记载，做了丞相的申屠嘉好像没有什么惊天动地的作为，只有两个故事可以说明他的性格和做派。文帝时，弄臣邓通十分受宠爱，不但经常会得到赏赐，而且文帝会经常到邓通家吃饭，在封建王朝时代，这可是了不得的荣耀，皇帝的恩宠于是让邓通胆子大到无以复加的地步。有一次，在朝堂上，邓通竟坐在皇帝的旁边。申屠嘉奏事完毕，直接向皇帝指斥邓通，皇帝可以宠爱某个大臣，可以富贵之，但君臣之礼却马虎不得。这下让文帝极不耐烦，"君勿言，吾私之"。奈何不了皇帝的申屠嘉火冒三丈，管不了皇帝，我还管不了你？回到相府，申屠嘉就给邓通发了传票，你小子赶快到我这里来，胆敢不来，小心你的狗头。邓通怕了，立刻给文帝打小报告，文帝说"你去吧，没事，我一会派人把你召回来"。聪明人邓通知道倔老头申屠嘉可不好惹，到了丞相府，帽子也不敢戴了，光着脚丫子，一副奴才相的向申屠嘉叩头谢罪，连脑门子都磕出了血。申屠嘉大模大样，派头十足，将邓通好一顿斥责。文帝这时派使者持节召通，"此吾弄臣，君释之"。可以不给邓通面子，但文帝的面子却不能不给。你想想，你的丞相位置是皇帝给你的，你如果连皇帝的弄臣都敢杀，你的位子还有没有，你的小命还在不在？于是邓通安然回到了皇帝身边，继续他的弄臣生涯。到了景帝时代，晁错担任了内史，仗着景帝撑腰，大刀阔斧地进行改革。身为丞相的申屠嘉的意见不受重视，不被采用，逐渐在皇帝面前失去了话语权，这使得申屠嘉开始愤懑并迁怒于晁错。申屠嘉听说晁错把宗庙的墙凿穿，于是打算以此为理由，上奏杀了晁错。但事不机密，被晁错得知后提前半夜三更去告诉了景帝。等到申屠嘉上奏的时候，景帝说："错所穿非真庙垣，乃外堧垣，故他官居其中，且又我使为之，错无罪。"言下之意就是说，晁错凿开的是外墙，不是真的宗庙的墙，并且是别人居住的地方，况且得到了我的允许，你想以此为理由杀他，门儿都没有？罢朝后，申屠嘉对长史说："我真后悔没有先斩后奏啊！现在反而被晁错出卖了。"回到家，这个倔老头就呕血而死了。

5. 申屠嘉之死的分析

人这一生，最终都免不了死亡，只是死的方式不同。有的人想死却死不了，有的人不想死，要万岁，真的再想活五百年，可还是死了。有的人死得其所，有的人死的光荣，有的人死的伟大，有的人死的高兴并快乐着，也有的人死的悲哀并愤懑着。比如申屠嘉就是悲哀并愤懑的最好证明。申屠嘉之死之所以悲哀，主要有三个方面的原因：其一：想施展抱负，却没有话语权。姑且不论申屠嘉的才干如何，既然到了丞相的位置上，申屠嘉肯定也想有一番作为，但是文帝时人家本来不想用你，想用的是自己的小舅子，你只是个傀儡丞相，替身而已，能让你说话算数吗？景帝时晁错正受宠，正要改革施展抱负，你在这里说三道四，指手画脚，皇帝能听你的吗？其二：想执行制度却屡屡被阻止甚至破坏，愤懑不已。《汉书》的作者班固认为，申屠嘉忠诚正直，谨守礼节。无论是申屠嘉惩罚邓通，还是找借口杀晁错，这些理由都是冠冕堂皇的，都是在执行制度和维护制度。翻开历史，能够制定制度的人洋洋大观，但真正能够始终如一执行制度的鲜见矣。古代有刑不上大夫之说，法律和规定都是给老百姓实行的，州官可以放火，但老百姓却不能点灯的事情一点也不稀罕。制度和法律都是为了维护皇家的利益，都是皇帝制定的，人家说对就对不对也对，你申屠嘉又能奈我何？无怪乎有人哀叹：制度的制定者是制度的最大破坏者！这话不绝对，但也很有一定的道理。生逢其时的申屠嘉不郁闷乃至愤懑才怪！其三：得罪了不该得罪的人，只有去死。不会变通的申屠嘉只知道维护制度，但却屡屡得罪弄臣和能臣。邓通是文帝的贴心人，是个弄臣无疑，但你申屠嘉却要和他作对，皇帝能高兴吗？景帝听从晁错的话，要去实行新政和改革，你却因嫉妒而生恨，故意挑晁错的错儿，杀了晁错，皇帝能干吗？因此申屠嘉呕血、悲哀而死也就不足为怪了。

抛开申屠嘉个人的才干和能力以及种种缺点不足不论，单就申屠嘉维护并执行制度、法律这点来说，申屠嘉是值得称道和光荣的，并且值得后世人们效仿和可以作为榜样的。申屠嘉是个典型的法律机械主义者，只要是违法了法律和各项规章制度，他谁都敢治罪。这样的人很可怕，连皇帝老儿也可以得罪，皇帝也需要这样的人为他的社稷和江山着想，需要这样的人来维护自己的天下。占据了法律和制度的制高点，申屠嘉就可以号令天下，就可以文攻武卫，谁能奈我何？所以申屠嘉能够历经五朝，能够官作了那么多年，能够活一大把年纪而不坐牢、不被杀头，就在于他自己清廉、干净并且始终高举法律和制度的大旗，捍卫着自己和皇家的天下。

（三）历史评价

司马迁这样评价他：申屠嘉可以说是刚正坚毅、品德高尚的人，但是他却既不懂权术又没有学问，和萧何、曹参、陈平这些前辈丞相相比，恐怕就要逊色一些。不过，申屠嘉不愧为西汉时期的一代名相。

申屠刚

（一）生平简介

申屠刚，字巨卿，男，东汉时期扶风茂陵（今陕西兴平东北）人，生卒年不详。

（二）主要事迹

西汉平帝时，王莽专权，对朝中大臣猜忌甚多，压制外戚冯、卫两家的势力。申屠刚对王莽专断朝纲极其不满，他借举贤良方正之机，向平帝献策，认为当今朝廷并不真正考察百官的政绩和操行，而是设立严刑重法，闭塞言路。皇帝不能与亲人相见，而亲人也得不到皇帝的恩惠和任用。如今包括三公在内的朝臣们，或尸位素餐，或结党专权，致使国家"承衰乱之后，继重敝之世，公家屈竭，赋敛重数，苛吏夺其时，贪夫侵其财，百姓困乏，疾疫天命。盗贼群辈，且以万数，军行众止，窃号自立，攻犯京师，燔烧县邑……自汉兴以来，诚未有也。"（见《后汉书·申屠刚传》）他希望皇帝能亲自主政，任用亲族，裁减冗职，以安定社稷江山。他的奏折先落入王莽手中，王莽唆使元后（王政君）下诏，将申屠刚罢官。

王莽篡位以后，申屠刚躲避到河西，在巴蜀与河西之间辗转二十多年。隗嚣占据陇右，以申屠刚任治书侍御史。后来隗嚣因处境困难打算投靠公孙述，申屠刚则劝他归附刘秀，认为刘氏政权稳固，民心所向，且多次下诏书招纳，应认清局势。隗嚣不听，最终还是向公孙述称臣。

建武七年（31），因杜林举荐，光武帝下诏书征召申屠刚，他在临走时又写信给隗嚣，劝其不要一意孤行，应该顺应民心。百姓希望平静生活，而西州连年发兵，人人心怀忧虑，长此以往，离心离德，违逆人情，必然亡家亡国。但隗嚣未接受他的建议。

申屠刚到了京师洛阳，被任命为侍御史，转迁尚书令。他常正言极谏，无所畏惧。光武帝曾想巡游各地，他以为此时陇蜀等地还未平定，不应安逸享乐。光武帝不以为然，依然驾车出游。申屠刚见谏止无效，便以头顶车轮，阻止其车前进，最终制止了这次巡游。

当时朝廷的内外各级官员，大都由皇帝亲自选用，并严格督查，稍有差错，便严加惩处。因此，大臣们都不敢轻易进谏。而申屠刚却全然不顾，多次进言，终于因为奏请皇太子迁居东宫一事，引起光武帝反感，将他贬为平阳县令，后来又调回担任太中大夫。申屠刚因病辞官，卒于家。

（三）历史评价

申屠刚历事三个朝代，其聪明才智非常人可比。

申屠蟠

（一）生平简介

申屠蟠，字子龙，男，东汉时期陈留外黄（今河南民权西北）人。生卒不详。东汉桓、灵时漆工。九岁丧父，家贫，为漆工。为郭泰、蔡邕等所重。

（二）主要事迹

1. 申屠蟠逃避议政

申屠蟠生于西汉末年。当时游士汝南范滂等人非议朝政，随之，公卿以下的官，都折断符节辞职，太学院里学生争相仿效议政的时风，认为文学将兴起，文人将被重用，申屠蟠偏偏叹息道："从前战国时代，文人在一起议政，各国国王争相作扫除异己的先驱，最终有了焚书坑儒的大祸，今天看来也要有祸了。"于是销声匿迹，躲到梁山、砀山之间，以树做房屋，一切都自己动手干。

过了两年，范滂等人果然因"诽讪朝廷"而惹祸，有的被处死，有的受刑，只有申屠蟠保全了性命。

2. 申屠蟠重节义

申屠蟠年轻时就有良好的名声和高尚的气节。同县女子缑玉为父亲报仇（杀了人），外黄县县令梁配想要判罪处死缑玉。申屠蟠当时十五岁，是县学的一名学生，（向县令）进言规劝说："缑玉的节操和义行，足够用来感动和激励那些不知廉耻甘受羞辱的后辈，（即使）不能碰上政治清明的时代，也应当在她的坟墓上（立上牌坊）来表彰（她的行为），何况在耳聪善听（从谏如流）的时代，反而不加以怜悯同情了呢？"县令梁配认为他的话很好，于是替（缑氏女子重新）审判定罪，（使她）得以减免死罪。同乡人都称赞申屠蟠（的义行）。申屠蟠的父母死后，他哀伤异常，非常思念，（以至于）十多年时间里不喝酒吃肉。（之后他）就退居乡里学习研究京氏《易》学、严氏《春秋》和戴圣的《礼记》，这三本书首先读通后，接着他又博览并贯通儒家五经，同时阅读了解河图谶纬一类的书籍，他在学习中没有固定的老师。（申屠蟠）当初和济阴人王子居一起在太学学习，子居病重，把身后事托付给申屠蟠。（王子居死后，）申屠蟠就徒步背着他为他奔丧，到了济阴，在河巩一带碰上当地的司隶从事官，从事官认为他有道义，办了通行证护送申屠蟠，申屠蟠不答应，把通行证扔在地上就离开了。（王子居的）丧事办完后，他才回家。前前后后凡是（朝廷）特意征召（他入朝为官的），（他）都没有前去。他一直活到七十四岁高龄，最后自然死亡。

（三）历史评价

无趣人曰："与子龙游者，若郭泰、蔡邕、冯雍、黄忠、荀爽、郑玄、孔融，或立德，或立功，或立言，皆彪炳史籍，光芒万丈，然亦不能善终。子龙良材美质，不遑多让，曳尾泥涂，得享天年，然亦无功绩可书竹帛。孰得孰失？孰优孰劣？读者诸君各有持衡，非一言可判也。"这种评价真是精辟之极。

申屠朗

（一）生平简介

申屠朗，男，汉代河内人。生卒无考。

（二）主要事迹

申屠朗，曾官至尚书郎。具体事迹无考。

（三）历史评价

无。

申鲜汹

（一）生平简介

申鲜汹，男，汉代人。生卒无考。

（二）主要事迹

申鲜汹，曾经是中谒者。具体事迹无考。

（三）历史评价

无。

三　三国时期2人：申耽　申仪

申　耽

（一）生平简介

申耽，字义举，男，庸郡人。生卒无考。东汉末年诸侯之一。东汉末年官至上庸太守，封员乡侯；仕蜀汉时官至征北将军、上庸太守、员乡侯；仕曹魏时官至怀集将军，卒于家。

（二）主要事迹

申耽，初平年间在西平、上庸二郡聚众数千家，与张鲁联系紧密，又派遣使臣拜诣曹操，曹操于是赐予他将军称号，让他担任上庸都尉，后又升任太守，封员乡侯。

建安二十四年（219），刘备急切希望统领益州全境，于是命令孟达从秭归郡北攻房陵郡，曹魏房陵太守蒯祺被孟达大军攻杀。接着，孟达又要进攻上庸郡，刘备暗地里担心孟达一个人难以独任，于是派遣刘封从汉中前往统领孟达军，会师上庸。时任上庸太守的申耽率领全郡投降，将妻儿以及宗族都迁往成都为质。刘备于是任命申耽为征北将军，其余官爵保持不变（上庸太守、员乡侯），又任命申耽之弟申仪担任建信将军、西城太守。

魏黄初元年（220），先是同僚房陵太守孟达因为害怕未救关羽而获罪，又因为与刘封交恶，于是率领部属集体降魏；后又胞弟申仪率军叛乱，大破刘封大军，刘封被迫逃回成都。申耽无奈之下，也投降了魏国。曹丕因为申耽不是自愿归附，于是剥夺了他的军政大权，赐予他怀集将军的称号，迁徙他到南阳居住，闲散在家，又剥夺了他的爵位，转封其弟申仪为员乡侯。申耽终老于家。

(三) 历史评价

从申耽的身世看，申耽是上庸、西城一带的世家豪族，在当地名望势力独一无二，当地百姓都依托于申家的庇佑，可以说申耽就是当地百姓的天。申耽兄弟雄踞上庸、西城二郡三十年，可以说是汉末诸侯中除魏蜀吴三家外寿命最久的诸侯之一（其余二人一是雄踞幽州的公孙渊，一是雄踞交州的士燮）。

从申耽的仕途看，他的存活法则就是依附一家势力强大的诸侯生存，所以他辗转在蜀魏二国，最终寿终正寝，可以说是诸侯中仅有的好下场。

看申耽其人，从他雄踞上庸、西城三十年，而且得保全郡，可以看出申耽其人既擅于治理百姓，还拥有精明的政治头脑，可谓达于从政，且他还精通军事，擅长领兵。综上所述可谓是文武全才。

但从史书记载来看，申耽并不是一个朝秦暮楚之人，他从未实际上的投降魏国，而且心里还是向着汉室的，他之前受的封号爵位，名义上都是汉献帝赐予的，之后刘备入蜀，他又第一时间未作抵抗的投降了刘备，还把宗族妻室都送到成都担任人质，以此来表明自己的真心。至于后来降魏，是因为他的胞弟申仪擅做主张发动叛乱而被迫降魏的，这从他投降魏国后曹丕的举动就可以看出。曹丕知道申耽与其弟不同，还心向刘备，而且他在当地的势力远非申仪可以替代，所以剥夺了他的一切权力，只给了他一个闲职，变相软禁在较远的南阳，直到申耽去世。这说明，申耽是一位忠贞之人，始终是蜀汉的忠臣。

申　仪

（一）生平简介

申仪，男，三国时魏将领。原先是西平、上庸间的豪强大户，申耽之弟。耽降刘备，刘备以仪为建信将军、西城太守。后叛归魏，拜魏兴太守，封员乡侯。司马懿专权时，转拜楼船将军。

（二）主要事迹

申仪在刘封、孟达攻占上庸后降蜀，后与其兄申耽一同劝诱因不救关羽而获罪的孟达降魏。诸葛亮北伐之际，孟达企图重归蜀汉，但却被申氏兄弟二人内应而败。于街亭之战中，与兄申耽一同为司马懿的部将。

在央视版电视剧《三国演义》中，申耽、申仪两兄弟在内应司马懿攻杀孟达后，被司马懿所杀，理由是二人反复无常，因而不可信任。这是电视剧的虚构情节，在正史和演义原著中都没有提到。

演义中描写申氏兄弟破坏孟达归蜀，而史书中只记载申仪一人，而此时申耽已亡。官至魏兴太守、楼船将军、真乡侯。

（三）历史评价

申仪是三国时期魏国重要的军事将领。

四　十六国时期 1 人：申香

申　香

（一）生平简介

申香，男，十六国时期前秦奄地人。生卒无考。

（二）主要事迹

申香曾经在苻坚手下担任拂盖郎。他身高一丈八，力气大，能够百步穿杨。传说他每顿饭要吃一石饭，还要吃三十斤肉。

（三）历史评价

申香应该是一个大力士。

五　南北朝时期8人：申纂　申坦　申阐　申令孙申恬（怙）　申徽　申康　申季历

申　纂

（一）生平简介

申纂，男，三国时期魏国人申钟曾孙，生卒无考。

（二）主要事迹

申纂，皇始初，太祖平中山，纂宗室南奔，家于济阴。及在无盐，刘彧用为兖州刺史。显祖曰："申纂既不识机，又不量力，进不能归正朔，退不能还江南，守孤城于危亡之地，欲建功立节岂可得乎！"纂既败，子景义入国，太和中，为散员士、宋王刘昶国侍郎。景明初，试守济阴郡、扬州车骑府录事参军、右司马。

（三）历史评价

申纂的政治才能远远高过军事才能。

申　坦

（一）生平简介

申坦，男，南朝时期宋魏郡魏人也。生卒无考。申恬从叔，申永之子。官至骁骑将军。

（二）主要事迹

申坦开始是巴西、梓潼的太守，接着升迁为梁、南秦二州刺史。元嘉二十六年，为孝武帝镇军咨议参军，与王玄谟围滑台不克，免官。青州刺史萧斌板行建威将军、济南、平原二郡太守，复攻确磝，败退，下历城。萧思话起义讨元凶，假坦辅国将军，为前锋。世祖至新亭，坦亦进克京城。

孝建初，为太子右卫率，宁朔将军、徐州刺史。大明元年，虏寇兖州，世祖遣太子卫率薛安都、新除东阳太守沈法系北讨，至兖州，虏已去。申坦建议："任榛亡命，屡犯边民，军出无功，宜因此剿扑。"上从之。亡命先已闻知，举村逃走，安都与法系坐白衣领职，申坦弃市。群臣为之请，莫能得。将行刑，始兴公沈庆之入市抱坦恸哭曰："卿无罪，为朝廷所枉诛，我入市亦当不久。"市官以白上，乃原生命，系尚方。寻被宥，复为骁骑将军，病卒。

（三）历史评价

申坦是位好将军。

申　阐

（一）生平简介

申阐，申坦之子，申令孙之弟。男，魏郡魏人也。南北朝时期宋人。生卒无考。官至济阴太守。

（二）主要事迹

前废帝景和中，官至永嘉王刘子仁左军司马、广陵太守。太宗升任为宁朔将军、徐州刺史，讨薛安都。申令孙行至淮阳，就与安都会合了。申令孙的弟弟申阐，当时为济阴太守，戍守睢陵城，申阐响应朝廷，与安都的反叛不同。于是，安都就围攻睢陵城但又攻不下来。刚好申令孙赶到了，安都就派遣申令孙前往睢陵城劝说申阐投降。申阐投降之后，却被安都杀死了，后来申令孙也被安都杀死了。

（三）历史评价

申令孙生逢乱世，投降后被杀，其结局可悲！

申令孙

（一）生平简介

申令孙，申坦之子，申阐之兄长，魏郡魏人也。南北朝时期宋人。生卒无考。官至宁朔将军、徐州刺史，讨薛安都。

（二）主要事迹

申令孙的主要事迹与申阐相同。

（三）历史评价

申令孔生逢乱世，选择错误却被杀，其结局可悲！

申恬（怗）

（一）生平简介

申恬（388—456），字公休。男，《御览》六百三十四引徐爰《宋书》作字道纎。南朝宋魏郡魏人（今河北省魏县人）。

（二）主要事迹

申恬在义熙末年为骠骑道怜参军。武帝受禅，拜东宫殿中将军。元嘉中转员外散骑侍郎，出为绥远将军、下邳太守，转北海，加宁远将军。又为北谯梁二郡太守，迁督鲁东平济北三郡军事太山太守。临川王义庆镇江陵，为平西中兵参军,又为衡阳王义季安西参军,加宁朔将军,召拜太子屯骑校尉,以母忧去职。起督冀州青州,之济南乐安平原三郡诸军事、扬烈将军、冀州刺史,加济南太守。以兵败征还,起为通直常侍,授宁朔将军、山阳太守。孝武即位,迁青州刺史。寻加督徐州之东莞东安,又督冀州,迁豫州刺史,孝建三年卒,年六十九。

(三)历史评价

申恬"死之日,家无遗财"。清官一个,值得学习。

申 徽

(一)生平简介

申徽,男,南朝时期宋魏郡魏人也。生卒无考。六世祖钟,为后赵司徒。冉闵末,中原丧乱,钟子遂避地江左。曾祖爽仕宋,位雍州刺史。祖隆道,宋北兖州刺史。父明仁,郡功曹,早卒。

(二)主要事迹

申徽年少时与母居,尽心孝养。及长,好经史。性审慎,不妄交游。遭母忧,丧毕,乃归于魏。元颢入洛,以元遂为东徐州刺史,遂引徽为主簿。颢败,遂被槛车送洛阳,故吏宾客并委去,唯徽送之。及遂得免,乃广集宾友,叹徽有古人风。寻除太尉府行参军。孝武初,徽以洛阳兵难未已,遂间行入关见文帝。文帝与语,奇之,荐之于贺拔岳。岳亦雅相敬待,引为宾客。文帝临夏州,以徽为记室参军,兼府主簿。文帝察徽沉密有度量,每事信委之。乃为大行台郎中。时军国草创,幕府务殷,四方书檄,皆徽之辞也。以迎孝武功,封博平县子,本州大中正。大统初，进爵为侯。四年，拜中书舍人，修起居注。河桥之役，大军不利，近侍之官，分散者众，徽独不离左右。魏帝称叹之。

十年，迁给事黄门侍郎。先是，东阳王元荣为瓜州刺史，其女婿刘彦随焉。及荣死，瓜州首望表荣子康为刺史，彦遂杀康而取其位。属四方多难，朝廷不遑问罪，因授彦刺史。频征不奉诏，又南通吐谷浑，将图叛逆。文帝难于动众，欲以权略致之。乃以徽为河西大使，密令图彦。徽轻以五十骑行，既至，止于宾馆。彦见徽单使，不以为疑。徽乃遣一人微劝彦归朝，以揣其意。彦不从。徽又使赞成其住计，彦便从之，遂来至馆。徽先与瓜州豪右密谋执彦，遂叱而缚之。彦辞无罪。徽数之曰："君无尺寸之功，滥居方岳之重。恃远背诞，不恭贡职，戮辱使人，轻忽诏命。计君之咎，实不容诛。但授诏之日，本令相送归阙，所恨不得申明罚以谢边远耳。"于是宣诏慰劳吏人及彦所部，复云大军续至，城内无敢动者。使还，迁都官尚书。

十二年，瓜州刺史成庆为城人张保所杀，都督令狐延等起义逐保，启请刺史。以徽信洽西土，拜假节、瓜州刺史。徽在州五稔，俭约率下，边人乐而安之。十六年，征兼尚书右仆射，加侍中、骠骑大将军、开府仪同三司。废帝二年，进爵为公，正右仆射，赐姓宇文氏。徽性勤敏，凡所居官，案牍无大小，皆亲自省览。以是事无稽滞，吏不得为奸。后虽历公卿，此志不懈。出为襄州刺史。时南方初附，旧俗，官人皆通饷遗。徽性廉慎，乃画杨震像于寝室以自戒。及代还，人吏送者数十里不绝。徽自以无德于人，慨然怀愧，因赋诗题于清水亭。长幼闻之，竞来就读。递相谓曰："此是申使君手迹。"并写诵之。

明帝以御正任总丝纶，更崇其秩为上大夫，员四人，号大御正，又以徽为之。历小司空、少保，出为荆州刺史，入为小司徒、小宗伯。天和六年，上疏乞骸骨，诏许之。薨，赠泗州刺史，谥曰章。

（三）历史评价

申徽可谓官运亨通，其聪明才智非比寻常。

申　康

（一）生平简介

申康，男，南朝时期宋魏郡魏人也。生卒无考。申徽之子。

（二）主要事迹

申徽死后，其子申康接班。官至泸州刺史，司织下大夫、上开府。康弟敦，汝南郡守。敦弟静，齐安郡守。静弟处，上开府、同昌县侯。其具体事迹无考。

（三）历史评价

前人栽树，后人乘凉。申康兄弟全部沾了他们父亲申徽的光了。

申季历

（一）生平简介

申季历，男，南朝宋将领。生卒无考。

（二）主要事迹

申季历在文帝时为北谯、梁二郡太守，封关中侯。元嘉九年，豫章刺史上表称其威德兼著，赋役均平，户口增殖。以信惠治民，政绩卓著。进号宁朔将军，爵关中侯。

（三）历史评价

申季历为官时期政绩卓著，是一个爱民的好官。

第四章

申氏历史名人（唐代—元代）

一　唐朝7人：申丛　申堂构　申稷　申世宁　申泰芝　申屠玚　申屠思恭

申　丛

（一）生平简介

申丛（？—889），唐朝人。

（二）主要事迹

申丛在唐僖宗时为蔡州秦宗权的部将。唐昭宗龙纪元年，将秦宗权捆绑后交给朝廷，朝廷奖赏他担任淮西留后的官职。没过多久，申丛就被蔡州秦宗权的部将李蟠杀掉了。

（三）历史评价

为了国家的稳定，牺牲个人的性命是在所不惜的。申丛就是榜样。

申堂构

（一）生平简介

申堂构，唐朝诗人。约卒于代宗大历年间。排行老大，润州丹徒人。玄宗开元二十二年（734）登进士第。

（二）主要事迹

申堂构在玄宗开元二十二年（734）登进士第，除武进尉。天宝十二载（753），任陕州平陆尉。后转虞部员外郎。堂构为润州天乡寺名僧云禅师之侄，笃信佛学，修在家梵行。堂构有诗名，称之为"当代词人"，殷璠把他的诗编辑到《丹阳集》中，并评曰："堂构诗叙事状物，长于情理"（《吟窗杂录》卷二六《历代吟谱》），《全唐诗》录存其断句二。《全唐文》收其文一篇。

（三）历史评价

申堂构是申氏家族第一个以进士而做官的人。同时做为唐朝的诗人，也是很有名气的，可谓才华横溢。

申　稷

（一）生平简介

申稷，男，唐朝丹阳人。生卒无考。申堂构之子。

（二）主要事迹

申稷在唐代宗大历中官至建昌令，"政平讼理，流民复业"。唐朝王建写了一首《幽州送申稷评事归平卢》："行子绕天北，山高塞复深。升堂展客礼，临水濯缨襟。驱驰戎地马，聚散林间禽。一杯泻东流，各愿无异心。蓟亭虽苦寒，春夕勿重衾。从军任白头，莫卖故山岑。"

（三）历史评价

申稷为官能够做到政绩卓著，为民着想，应该是个好官。

申世宁

（一）生平简介

申世宁，唐朝魏州人。生卒无考。

（二）主要事迹

申世宁在唐高祖武德四年（621）官至考功员外郎。这年唐朝第一次举行科举考试，他做为考试的主要官员，负责为国选材。到第二年春天，共选出秀才 1 人、进士 4 人（一说有 14 人）。

（三）历史评价

申世宁在为国选材时能够尽心尽力、公正无私，值得学习。

申泰芝

（一）生平简介

申泰芝，字广祥，号白云居士。男，洛阳人氏。生卒无考。由于家庭发生变化，父母从洛阳迁于宝庆（今邵阳市）。

（二）主要事迹

公元 687 年，天降两星于人间，一颗星是唐玄宗；一颗星申泰芝。泰芝生于市东郊一个岩洞里。少年丧父，他跟随母亲杨氏移居到现在的野鸡镇柳圹村，住在一个破烂的观内。泰芝自幼敏而好学，通晓六经，擅长文学和历史，尤其对道教经书一看就懂。于是他立下志向，一心想找一个僻静的场所采药炼丹。一天，他独自来到南岳祝融峰。坐在树下一块石头上叹息。一位老人听见了，问他为何叹气，泰芝回答说：南岳这地方是修身的好场所，可惜自己没有缘份在这里住下来。那老人问他什么地方人，泰芝说是邵陵人，老人又问他为什么来这里。泰芝又告诉老人，想寻找一块风水宝地修身，那老人开导他，只要心诚，不在路远，你家附近的佘湖山和莲荷山，山深林茂，地方偏僻，是修身炼行的好处所，你何不到那儿去。泰芝心领神会，非常感激，表示马上回家。老人见这位少年气宇不凡，就告诉他炼丹的方法，并将一本《金丹火龙大成之旨要》送给他，随后老人就腾空而去。从此泰芝谢绝交游，藏在两山之洞中潜心修身炼丹，长达四十余年。并相续在两山上修了一小观。据说后来还升仙了。宋代封他为妙寂灵修真人。后来又封他为太阴妙灵神君。

（三）历史评价

申泰芝是申氏家族第一个在道教方面有较高造诣的人。

申屠玚

（一）生平简介

申屠玚，男，唐朝汴州陈留人。生卒无考。

（二）主要事迹

申屠玚在武周久视元年（700）官至天官郎中。后来官至地官郎中、秘书少监。具体事迹无考。

（三）历史评价

无。

申屠思恭

（一）生平简介

申屠思恭，男，唐朝邑人。生卒无考。

（二）主要事迹

申屠思恭事亲居丧期间有值得称道的孝行。具体事迹无考。

（三）历史评价

申屠思恭是一个很孝顺的人。

二　五代十国时期 5 人：申迅　申文炳　申渐高　申师厚　申屠令坚

申　迅

（一）生平简介

申迅，男，五代时期人，生卒无考。或作天师。据说是唐玄宗后裔。

（二）主要事迹

申迅在青城山修道，很有灵验。后周孟昶广政末年，申迅进献红色栀子花两枚，这种栀子花颜色鲜红，有六个花瓣，特别的是香气袭人，孟昶非常喜欢这种花。于是赏赐给申迅许多绸缎，他立即就送给了别人，申迅自己也不知所踪了。

（三）历史评价

申迅对于道教是有较高深的造诣的。

申文炳

（一）生平简介

申文炳，字国华，男，五代时期洛阳人也。生卒无考。

（二）主要事迹

申文炳在后唐长兴中进士及第，官至中正军节度推官。后来又担任孟州、怀州的支使，以及郓城、陕县邑宰等官。再后来从澶州观察判官升为右补阙。后晋开运初年，授官为虞部员外郎知制诰，不久又转任金部郎中。广顺中，升为学士，又升迁为中书舍人、知贡举等官。《玉壶清话》记载，枢密王朴以李庆一联诗推荐给申文炳。诗是这样写的："醉轻浮世事，老重故乡人。"申文炳当时负责贡举的事情，鉴于李庆的才华，于是就把李庆录取了。显德五年秋，因病解职，授官为左散骑常侍。显德六年秋天，在家病逝，时年五十。申文炳"为文典雅，有训诰之风。执性舒缓，待搢绅以礼，中年而卒，皆惜之"。

（三）历史评价

申文炳以进士及第而平步青云，可喜可贺！

申渐高

（一）生平简介

申渐高，男，五代时期人，生卒无考。乐工，擅长吹三孔笛。

（二）主要事迹

申渐高是南唐时候的一个艺人，经常在宫中的宴会上奏乐，他生性诙谐幽默，敢于为民众说话。南唐皇帝李升在位时，国力薄弱，军粮储备不足，官府横征暴敛，人们深受苛捐杂税之害，不胜其苦。一年久旱不雨，祈雨也不应验。一天，李升在宫苑中同群臣饮酒时说："现在京郊下起雨来，惟独京城不下雨，难道我们监狱中有冤枉的事违背了天意吗？"群臣都不知如何回答。这时，申渐高走上前来笑着说："雨水害怕抽税，所以不敢进京城呀！"皇帝猛然醒悟后大笑说："是京城中赋税过重了吧?"于是当日就下诏书免去一切不合理的税赋,其他税赋也都有减除。

大和中,徐知诰想加害自己的弟弟徐知询,想以毒酒给弟弟徐知询喝,徐知询怀疑酒里有毒,就把这杯酒倒出一半出来。当时申渐高正在堂上跳舞,迅速地把这两杯酒拿过来喝掉了,自己急忙走出大堂,中毒而死。

（三）历史评价

申渐高以乐工的身份关注民间疾苦,精神可嘉!

申师厚

（一）生平简介

申师厚,男,后周时河西节度使。生卒无考。

（二）主要事迹

申师厚少年时为盗贼,当兖州牙将时,与王峻友善,王峻做了枢密使,申师厚在王峻门口等待,哭诉自己的饥寒。广顺二年（952年）,河西节度折逋嘉施请朝廷派遣将帅官吏节度河西,王峻奏请太祖郭威起用申师厚为河西节度使。申师厚至凉州,推荐押衙副使崔虎心、阳妃谷首领沈念般等和唐末镇军子孙王廷翰、温崇乐、刘少英为将吏,用诸羌酋豪为三州刺史。申师厚能力有限,不能抚有凉州。至周世宗时,申师厚留下自己的儿子逃归后周内地,中原王朝丧失了凉州,河西为六谷部据有。

（三）历史评价

申师厚生逢乱世,其才能真的不敢恭维。

申屠令坚

（一）生平简介

申屠令坚，男，山东人。生卒无考。

（二）主要事迹

申屠令坚自少无赖，嗜赌，膂力绝人。曾经因盗窃罪而被押解到京城，途中灌醉押解者后逃走。后来申屠令坚从军，多立战功，以勇毅称。南唐陈后主授予他神卫军都虞侯，侍卫左右，益为亲任。开宝五年，申屠令坚升官为吉州刺史。时宋朝大兵压境，南唐政权危如累卵。申屠令坚经营防务，完善城池，训练军队，颇见成效。南唐后主降宋后，命令申屠令坚顺命投降，但是申屠令坚却坚决不投降，反而不幸因病陨命。生平详见《南唐野史》卷十。

（三）历史评价

申屠令坚这种宁死不屈的精神，值得学习！

三　两宋时期6人：申积中　申颜　申元道　申世宁　申屠大防　申屠有涯

申积中

（一）生平简介

申积中（1064—？），男，北宋时期成都人。进士及第。

（二）主要事迹

申积中还在襁褓中的时候，杨绘向申积中的父亲提出请求把申积中过继为自己的儿子。他的养父杨绘也是进士及第出身的，累官翰林学士，任御史中丞。长大后，申积中知道自己不姓杨而绝口不言姓杨的事情。神宗元丰五年他十九岁时，登进士第。申积中对他的养父母，尽孝终身。他在养父母家有二弟一妹，都替他们办完婚娶之后，才回归本族，复为申氏，蜀人以纯孝归之。政和六年，官至奉议郎通判德顺军。翰林学士许光凝曾在成都为官，得知这件事情后向朝廷推荐，朝廷在京师召见了他，升官为提举永兴军学事，可惜在上任的路上就逝世了。许光凝又同宣和殿学士薛嗣昌、中书舍人宇文黄中向朝廷表其操行，朝廷下诏让他的一个儿子担任官职。

（三）历史评价

申积中是一个至孝至诚的人，值得表彰。

申　颜

（一）生平简介

申颜，宋代华州华阴人。生卒无考。

（二）主要事迹

申颜，与侯可为是莫逆之交，两人共谋生机以养活两家，一切都是两人平分。关中之人无论老少，见到他们两个，如果是坐着的都会自动起身以表尊敬。申颜能够遵循礼法，有君子的风范。曾经想厚葬他的父母，但还没有来得及，申颜就先去世了。他的好友侯可为倾其所有来完成申颜的夙愿。他的事迹在《宋元学案》卷六有记载。

（三）历史评价

申颜为友有义气，为人子有孝心，可歌可泣！

申元道

（一）生平简介

申元道，男，宋代道士。泰陵人。生卒无考。

（二）主要事迹

申元道师事泰州海陵（今江苏泰州市）徐神翁，得修炼术。将出游，请问师，师言"逢虞则止，无雪则开"。乃渡江於虞山筑庵居住，插竹成林。又曾在福山建潜真馆，在梅里建颐和真馆，做为炼丹的地方。

（三）历史评价

申元道是一个道行高深之人。

申世宁

（一）生平简介

申世宁，男，北宋时期信州铅山人。生卒无考。

（二）主要事迹

绍兴六年，潘达兵袭铅山。申世宁的父亲已经年过七十，刚刚出门就遇上了盗贼，盗贼怀疑他家里藏有金银财宝，想要杀死他。申世宁当时还年少，他愿意代替父亲去死，这伙盗贼被申世宁的孝心所感动，没有杀他们。

（三）历史评价

申世宁初生之犊不怕虎，孝心感动天地。

申屠大防

（一）生平简介

申屠大防，男，北宋时期婺州东阳人。生卒无考。

（二）主要事迹

申屠大防擅长枪法。北宋徽宗宣和初年，曾经只身打败了盗贼，周围的乡亲都靠他来保护了。后来应邀前往永康去收服盗贼，可惜在战争中牺牲了。

（三）历史评价

申屠大防是一个民间称道的英雄。

申屠有涯

（一）生平简介

申屠有涯，男，生卒无考。著名宋朝隐士。传说他住在阳羡（今江苏宜兴）。

（二）主要事迹

有一次，申屠有涯曾携一瓷瓶去坐船，喝醉了酒在船上大吐，众人便把他赶到岸上。他说："蚩蚩（忙乱之样）同舟人，不识同舟龙。"说完，跳进瓶中不见了。当时人惊称其为"瓶隐"。

（三）历史评价

宋朝著名的隐士。

四　金朝1人：申乃因

申乃因

（一）生平简介

申乃因，男，金朝时期驰满部人。生卒无考。

（二）主要事迹

天会十五年，申乃因等皆赠金紫光禄大夫。具体事迹无考。

（三）历史评价

申乃因是第一个少数民族身份的申氏高官。

五　元代6人：申荣　申氏（李弘益妻）　申屠衡　申屠致远　申屠徽(澄)　申屠珦

申　荣

（一）生平简介

申荣，男，元朝人。生卒无考。官至山东行省平章。

（二）主要事迹

申荣，元朝末年官至山东行省平章，守东昌。明朝的军队攻打过来，周边的郡县都投降归顺了，只有申荣拒绝投降。后申荣因兵少不敌，宁死不屈，自缢身亡。

（三）历史评价

申荣一心忠君报国，其志可嘉！

申氏（李弘益妻）

（一）生平简介

申氏李弘益妻，女，冀宁人。生卒无考。

（二）主要事迹

至正二十年，元末农民起义军攻陷了冀宁。申氏对她的丈夫李弘益说："你快离开这里，不要因为我而连累到你。如果这些盗贼进入我的房间，一定因为我的缘故而杀害你的。"说完就投井而死。

（三）历史评价

好一个贞烈女子。

申屠衡

（一）生平简介

申屠衡，男，元明间河南大梁人，徙居苏州长洲，字仲权，号树屋佣。生卒无考。官至翰林修撰。明朝著名学者、书法家。

（二）主要事迹

申屠衡少时家贫，但他不屑成为商贾胥吏，却锐志经史，兼工词翰，与杨维桢一起游学。洪武三年征召他到京师来，起草《谕蜀诏》。后来谪徙濠州（今安徽凤阳），不久升官至翰林修撰。在濠州逝世。申屠衡擅长书法，书体丰肥，类杨铁史。著有《叩角集》流世。

（三）历史评价

申屠衡是明朝著名的学者、书法家。

申屠致远

(一) 生平简介

申屠致远，字大用，男，寿张人（今山东寿张）。生卒无考。著名的元朝大臣。

(二) 主要事迹

申屠致远在元世祖忽必烈南征时，被经略使乞实力台推荐担任经略司知事。当时元军中机密军务，多为申屠致远所谋划。至元十年，升官为太常太祝。南宋灭亡后，升官至杭州安抚司经历。至元二十年，升官至江南行台监察御史。在湖广地区巡查时，替陈文祥伸冤，使得桑哥很生气。他还上书举报当时的权臣卢世荣的不法勾当。到成宗时期，累官至淮西江北道肃政廉访司事。

申屠致远清修苦节，耻事权贵，家无余产却聚书万卷，名曰"墨庄"。著有《忍斋行稿》四十卷，《释奠通礼》三卷，《杜诗纂例》十卷，《集验方》十二卷，《集古印章》三卷。

(三) 历史评价

申屠致远是元朝著名的大臣。

申屠澂 (澄)

(一) 生平简介

申屠澂（澄），字仲敬，男，元朝绍兴诸暨人。精通古文，篆体小楷写得非常漂亮。后来征召为本路的教授，他以身体有病没有接受这个职务。晚节益坚。著有《孝全摭言》。

（二）主要事迹

无。

（三）历史评价

无。

申屠珦

（一）生平简介

申屠珦，男，元朝时期高邮人，生卒无考。

（二）主要事迹

申屠珦，早期担任翰林院编修，后来官至监察御史。具体事迹无考。

（三）历史评价

无。

第五章

申氏历史名人（明代）

明朝 27 人：申佐　　申祐　　申泰　　申锡
申良　申纲　申纶　申相　申籧　申盘
申应聘　申时行　申用嘉　申用懋
申绍芳　申佳胤　申自然　申为宪
申克敬　申以孝　申湛然　申屠祺
申屠铎　申屠建　申屠迪　申屠祥
申甫

申　佐

（一）生平简介

申佐，字懋良。男，明朝广平府永年人。生卒无考。进士，官至佥都御史。

（二）主要事迹

申佐，嘉靖年间进士。后来担任陕西参议，因为边功升任参政。他敢于单骑出塞，出使塞北俺答汗那里，以自己的聪明才智让俺答汗俯首称臣，并每年向明朝朝贡。因为这次功劳，升官至佥都御史，巡抚大同。

（三）历史评价

申佐，有胆有谋，好样的！

申　佑（或作申祐）

（一）生平简介

申佑（或作申祐），字天锡，男，明神宗洪熙元年（公元 1425 年）出生于贵州务川火岩垭，即今务川仡佬族苗族自治县太坪乡龙潭村，正统十年（公元 1445 年）乙丑科进士，三甲四十七名，后官至四川道御史。明英宗北伐时，身陷重围，申佑代替英宗殉难于土木堡。景泰元年（公元 1450 年）代宗朱祁钰继位，表扬忠烈，为申佑殉国褒显，赐恤荫，建祠于思南府（今思南县）和务川。

（二）主要事迹

1. 虎口救父

申佑祖籍浙江吴会（今绍兴）人，曾祖父申世隆因平定黔地战乱有功，遂以官居务川。至父亲申俊时，家道中落，举家以农为业，农闲时搞丹砂艰辛度日，其母李氏，贤惠淑能，颇识桑麻。申佑自幼聪颖过人，求学不倦，深得父母宠爱，在田间地头劳作也唤之左右。相传，申佑少时，与同窗田太、苟禄、邹庆在务川回龙寺私塾就读，老师见四人才思敏捷，特在他四人姓名中都加一个“天”字，以寄厚望，即申天佑、田天太、苟天禄、邹天庆。他四人每天完成功课后，利用休息时间，在学校对面挖成两亩大的泥塘，从河里捉鱼到塘里喂养，因为此塘是四个天字辈的学生挖成，后来，此四人皆成大器，乡人遂将此塘冠名"天池塘"以兹纪念，沿用至今。申佑不仅聪明好学，而且力壮孔武。某日，申佑随父在田间劳作，一只黄斑老虎将父亲叼去，申佑见状，操起杀猪用的槌棒猛击老虎，老虎被击痛后丢下申父窜入林中，小申佑虎口救父的故事顷刻传遍乡邑。《思南府续志》载：逞猛虎之威，竟出黄童之手，震惊乡里，孝扬六邑，声蜚一邦。

后来，立志仕途的申佑晨耕暮读，苦读诗集子经。年岁稍长后，身负干粮，跋山涉水赴思南府参加童试，为补郡学子员。正统五年（公元1440年），因为当时的明朝还没在贵州设立乡试考棚，年仅16岁的申佑不畏艰难，又长途跋涉赴云南昆明参加乡试，一试中的，考中举人，随即到北京太学（即国子监）求学深造。

2. 不畏强权

申佑在北京国子监就读期间，发生了一件震惊朝野的大事。当时英宗皇帝朱祁镇软弱无能，大权旁落在太监王振手中，王振不仅深得英宗宠爱，还掌握了锦衣卫，权倾一时，专横跋扈，朝廷上下无人敢与较劲，只有奉谀的份。

当时的国子监祭酒李时勉是一个"性刚鲠，慨然以天下为己任"的正派官员，一向以敢言直谏而名振朝廷。国子监祭酒是当时明朝最高学府的官职。祭酒李时勉曾任刑部主事，侍读学士，编修过《成祖实录》《宣宗实录》。正统六年李时勉任祭酒后，立意改革，便上书朝廷呼请改建国学，以倡学风。英宗皇帝御览李时勉的奏疏后，便派宠臣王振去考察。由于刚直不阿的李时勉平日瞧不起专权的王振，便冷漠以待。为此王振深感不悦，耿耿于怀，便伺机予以报复。后来，王振终于抓到了李时勉的小辫子，以"擅伐官树入家"为由，挟持英宗降旨，将李时勉、赵琬、金鉴三人戴重枷站在国子监门前示众以侮，发泄私愤。当时正值盛夏，烈日当头，李时勉三人戴枷三日不解，广大太学生因惧怕王振的势力敢怒而不敢言。这时申佑见状心生怒火，便号召国子监学生联名上疏皇帝营救李时勉。申佑的义举，却遭到"好心人"的劝阻，皆劝他不要去招惹王振，不然将性命难保，申佑却笑着回答"六馆生何无一人男子气耶？"于是与监生李贵、石大用带领千余人前往朝廷请愿。请愿学生将朝门团团围住，槌鼓称冤，伏阙不起，愿以身代死。做贼心虚的王振担心此事会酿成激变，不敢镇压。后来，通政司将申佑、石大用等人的奏章呈予皇帝阅后，英宗也对李时勉等人的遭遇表示同情和不平。同时皇太后的父亲孙忠言将此事真相由太后转告英宗，于是英宗下旨释放，官复原职。申佑这种不畏强权、伸张正义的精神顿时蜚声京师。《思南府续志》是这样评价他之所为的："公（申佑）之所为，皆人所不敢为也。"国子监肄业后，正统十年（1445）年仅19岁的申佑荣中进士，获三甲四十七名，成为贵州自明初建省以来考中的第三个进士。不久出任四川道御史，在任期间，以言行正直而著称，颇受同僚称道。《明史》《中国名人大辞典》均有专条记载。《嘉靖思南府志》载道："申佑毅直敢言，不畏强侮，立朝忠谠，多所补益。每各道聚人言议事，公谈论辄进诸生讲经史疑义。"这段记载说明申佑学识渊博，重视培养人才，每次出巡府州，都要召集当地诸生，讲授经史，答疑解惑，重视提高地方人才的素质。

　3. 代帝殉难

　　明英宗朱祁镇因昏庸无能，大权旁落在太监王振手中，朝廷派系林立，国势渐衰，对边疆的防御甚是松懈。这时北部蒙古族瓦剌部落势力渐大，时时侵扰边疆。正统元年（1436），瓦剌部落的首领脱脱不花杀死贤义王和安乐王后，其儿子也先继位，自封太师淮王，称雄北方，虎视中原。他以势力胁迫草原上的其它部落对大明使臣及商人进行抢掠和杀戮。当时的明英宗不但不捍卫民族尊严，还不断对瓦剌族增加赏赐，以示"皇恩浩荡"。同时瓦剌首领也先还想方设法勒索中原的财宝，如明朝廷不从，便在边疆以兵力施压，迫使明朝就范。也先的欲望逐渐膨胀，侵占中原的野心开始暴露，时时注视着明朝廷的动向。

1449 年元月，瓦剌部落分道大举入侵中原。脱脱不花从兀良哈进犯辽东，阿剌知院攻打宣州，也先亲率大军攻打大同。在猫儿庄一役，明王朝参将吴浩阵亡，形势十分严峻。这时，手握兵权的太监王振担心老家大同遭瓦剌大军烧掠，极力怂恿英宗御驾亲征，以退瓦剌大军，保全家中老小及财物。于是英宗便贸然决定率领文武官员离京出征，申佑亦随英宗赴征。

明军先锋部队与瓦剌军在阳和会战，明军全军覆没，坐阵大同的英宗皇帝异常惊恐，加之连下暴雨，明军士气低落。太监王振见势不妙。又怂恿英宗撤军，毫无主张的英宗帝只得"准奏"，仓促地班师回朝。撤军途中，又多次遭遇瓦剌军的追杀，损失非常惨重，英宗好不容易才退到宣州。到了宣州后，英宗急令成国公朱勇、永顺伯薛绶率四万明军御敌，没想在鹞儿岭又遭瓦剌军伏击。第二天，英宗皇帝率军退到土木堡时，瓦剌军首领也先率大军追杀而来，由于土木堡处于高地之上，水源及供给路都被瓦剌军切断，明军口渴难受，斗志丧尽。这时，狡猾的也先率军佯装撤退，毫无作战经验的王振见状，指挥明军移营突围。也先见明军中计，立即率骑兵从四面掩杀过来。已是疲惫不堪的明军突遭袭击，顿时大乱溃不成军。也先率骑直闯中营，欲生擒英宗皇帝。慌忙中，英宗为了保全自己的"天命"，便在群臣中挑选与自己面貌相似的申佑，乔装成英宗，申佑受命于危急之时，便代帝乘舆，掩护英宗逃离。经历一番激战后，明军溃败，死者达10万余，申佑也死于乱军之中，年仅25岁。正当英年便陈尸沙场。可叹的是，申佑的壮举也没有改变时局，英宗皇帝也没逃脱被俘的厄运，其护驾的几百人中仅有数人生还。

土木堡失利的原因除太监王振指挥不当外，还有一个致命的原因是英宗皇帝身边有内奸，这个内奸就是宦官喜宁。他曾多次为瓦剌部落出谋划策，引导敌军侵扰明王朝边境地区。申佑未死之前便有所察觉，与校尉袁彬密谋后准备除掉他。后来，因为边境战事吃紧，此事便一度搁置。土木堡之变后，申佑战死，英宗被俘，都与内奸喜宁提供给瓦剌军的情报有直接关系。后来，被俘的英宗得知喜宁所为后异常大怒，决定设法除掉喜宁。英宗便与瓦剌首领也先谈判，以重金赎身，贪婪十足的也先经不住珠宝财物的诱惑便答应了谈判条件，为了达到铲除内奸的目的，英宗提出让喜宁到京城去索取。英宗见也先中计后，立即又密令袁彬派人携书通知边关将领，看见喜宁立即抓捕。回京取财的喜宁不知是计，兴冲冲的赶到独石，被明军参将杨俊擒住送往京师。于第二年三月，被处以分尸之刑，结束了可耻的一生。申佑虽然没有亲手处死叛贼喜宁，但他是最先发现内奸的人，功莫大焉。历史是公正的，正如清康熙《贵州通志》所载："其谋虽蓄自袁彬，实申佑先成之。"

4. 申祠英魂

代宗朱祁钰继位后，于景泰元年（1450），为褒显土木堡之变中代帝殉难的申佑，特诰敕天下，其敕曰："朝廷设监察御史，欲振朝纲，励风俗，以弼承国家之治，非得刚方清直之士，曷克称兹。尔四川道监察御史申佑，发身科第，授职于斯。比以随征，陷于战阵，劳古可悯。今特进赠尔文林郎，职如故，赐之敕命，以示褒嘉。吁呼，人孰无死，惟死于国事者为至荣者也。尔尚祗服隆恩，永慰冥漠。"同时，代宗皇帝还对申佑的父母、妻子一一敕封。

嘉靖十年（1531），巡抚御史郭弘化令思南府（令思南县）为申佑立祠祀之。翌年，务川亦立祠，称"申忠节公祠"，该祠位于务川县城北侧波罗山上，占地约200平方米。其祠四列三间，两侧厢房为一楼一底，庄重而古朴。中间为石铺院坝，祠堂中央供有申佑木雕彩像（后被毁坏）。垣墙正中建有石牌楼，四柱三门，门上均有横额，中间刻有"大节之照"楷书，门柱上有一长联。门右侧砖墙上嵌有石碑，刻天启壬戌年（1622）进士田景猷撰写的《申御史三烈事迹》和清康熙壬辰年（1712）督学使张大寿的《明御史忠节公祠》七律一首。清道光二十一年（1846），务川知事俞汝本拜谒申佑祠，见破瓦颓垣，蒿草丛生，便号召申氏子孙捐资维修，完工后，俞汝本作序并题诗刻石嵌于祠门左侧砖墙上，以志此事，昭示后人。之后，不少过往墨客流官，皆赐墨申祠以抒心中感慨，特录两联："虎口活父，剑下全君，生民以来无比忠孝；

天上游龙，人间瑞凤，霜露所坠莫不尊亲。""北地风霜尽，千载来吹不散忠臣气魄；南天日月明，百世后犹照见孝子精魂。"

申佑祠建成后，经历了不少沧桑。民国十九年（1920），务川创办公立女子小学，将该祠作为校址。民国二十八年（1939）女校迁出后，又被国民政府作为县卫生院院址，解放后申佑祠被列为省级文物保护单位，并进行了维修。

（三）历史评价

申佑短暂的一生最具传奇和悲壮，他曾在明代著名的土木堡之变中扮演了一个非常重要的角色。申佑的"三忠天烈"，名垂青史。

申　泰

（一）生平简介

申泰，字伯广。男，明朝庐州府无为县人。生卒无考。官至刑部侍郎，考评为"天下清廉第一"。

（二）主要事迹

申泰在洪武年间因为岁荐担任濮州知州，随后升官至刑部侍郎，后来外放为延平知府。明朝惩治贪污，到延平府检查时，发现申泰只有三升米、一贯钞。考评的结果为"天下清廉第一"。

（三）历史评价

申泰在任时考评为"天下清廉第一"，真是清官一个。

申　锡

（一）生平简介

申锡，男，明朝四川眉州人。生卒无考。

（二）主要事迹

申锡，读书至老不倦。曾经编写《先天太极》等著作，从一岁一月一日一身，都有插图。另外还著有《三易图说》，共有54卦，每卦绘图2幅以便解释这个卦的意义。

（三）历史评价

申锡读书至老不倦，真是一个爱读书的人。不知他是否考虑过读书是为了什么？学以致用才是真正会读书之人，不是有"半部《论语》治天下"的说法嘛！后世子孙，当深思啊！

申　良

（一）生平简介

申良（1468—1524），字延贤。男，山西高平人。官至户部员外郎。

（二）主要事迹

申良，曾中举人。先后在招远、诸城、良乡等县担任知县。权贵途径申良所在的县时，凡是他们的搜刮索取，申良一律予以拒绝。申良所在的县，政绩斐然。后来升官至户部员外郎。嘉靖初年，因为对"大礼议"事件据理力争而被廷杖打死。

（三）历史评价

申良为官正直，死得其所！

申　纲

(一) 生平简介

申纲，男，明朝山西阳曲人。生卒无考。

(二) 主要事迹

申纲，景泰四年中举人。后选为监察御史，为官正直。到河间等地巡察，贪官污吏闻风而逃。后来历任松江、九江知府，政绩卓著。

申纲家无厚财，清贫自甘。他的部下刘宇想送他一些黄金，他坚决不肯接受。

(三) 历史评价

申纲为官清廉，值得学习！

申　纶

(一) 生平简介

申纶(1470—1538)，字延言，号南滨。男，明朝广平府永年人。

(二) 主要事迹

申纶弘治十八年进士，官至四川、云南按察副使。具体事迹无考。

(三) 历史评价

申纶以进士为官，在官场还算顺利。

申　相

(一) 生平简介

申相，男，明朝山西长治人。生卒无考。

（二）主要事迹

申相以医为业，研究脉理，尤其精通伤寒病的治理，人称良医。著有《诊家秘要》《伤寒捷法歌》。

（三）历史评价

申相人称良医。

申 籭

（一）生平简介

申籭，字仪卿。男，明朝大名府魏县人。生卒无考。

（二）主要事迹

申籭在嘉靖二十三年进士，担任固始知县。内调后因为弹劾仇鸾被廷杖责罚，降职为莱州推官。后来官至吏部郎中。

申籭性格恬淡，京师称他"锁心不锁门"。

（三）历史评价

申籭为官正直，是个好官、清官！

申 盘

（一）生平简介

申盘，字靖之。男，明朝诸城人。生卒无考。

（二）主要事迹

申盘，字靖之。明朝诸城人。生卒无考。弘治年间进士，官至河南佥事。具体事迹无考。

（三）历史评价

申盘以进士为官，官运亨通！

申应聘

（一）生平简介

申应聘，字伯衡。男，明朝昆山人。生卒无考。进士。官至太仆少卿。

（二）主要事迹

申应聘年少时就很有才气。万历十一年进士，改为庶吉士，担任检讨的官职。万历二十一年京察时，遭到流言蜚语的攻击，拂袖而去。后来沈一贯当权时，多次想启用他，他都拒绝出山做官。闲居十几年后，才出山担任行人司副，后来升官至尚宝司丞，再升官至太仆少卿。

（三）历史评价

申应聘为官正直，值得学习！

申时行

（一）生平简介

申时行（1535—1614），明代官员。字汝默，号瑶泉，晚号休休居士。男，南直隶苏州府长洲（今江苏苏州）人。生于明世宗嘉靖十四年（1535），申姓富商之子，祖父自小过继于徐姓舅家，故时行幼时姓徐，嘉靖四十一年（1562）状元，授翰林院修撰，回归本宗申姓。受张居正提拔。历官礼部右侍郎、吏部右侍郎、左侍郎兼东阁大学士、礼部尚书、吏部尚书、建极殿大学士。万历十一年（1583），张四维父丧丁忧三年，申时行代理内阁首辅。万历十三年（1585），张四维居丧将要期满时病逝，申时行正式出任首辅。为政以维持局面，调和皇帝和御史等谏官之间矛盾为主，虽然救了不少触怒皇帝者的性命，也因此被人视为"首鼠两端"。

万历十九年（1591），在立储问题上在皇帝和言官之间的争论中试图调和，被言官所劾，辞官回苏州闲居，晚号休休居士，著有《赐闲堂集》，并于万历时期参与《明会典》的重修工程。卒于万历四十二年，赠太师，谥文定，赐葬吴山之阳。《四库全书总目》说"其相业无咎无誉，诗文亦如其人"。

申时行于任上，开创了"章奏留中"及"经筵讲义的进呈"，这两个惯例的养成，致使明神宗荒怠朝政，并彻底切断了皇帝与大臣们交流的渠道。

（二）主要事迹

1. 从翰林院修撰到内阁大学士

嘉靖四十一年（1562）三月十五日殿试，会试中试的299人参加考试。第二天，担任评卷的"读卷大臣"评阅试卷。第三天发榜，高居榜首的是申时行。

长洲文化兴盛，名士辈出；商业繁荣，商贾云集。申时行既有文人的才学，又有商人的机敏。他凭藉文才与机敏一举夺魁，成为明代第61位状元。

状元例授翰林院修撰，掌修国史。申时行也不例外。入翰林院数年，进官为左庶子。左庶子是皇太子东宫左春坊的长官，职如皇帝的侍中。不过，申时行的具体职掌不是侍从东宫，而是以左庶子的身份掌理翰林院。此后，迁为礼部右侍郎，成为礼部的第二副长官。

在这段时间内，世宗、穆宗两位皇帝先后驾崩。隆庆六年（1572）六月初十，穆宗的皇太子朱翊钧即皇帝位，年号"万历"，是为神宗。

万历五年（1577），申时行出任吏部右侍郎。吏部掌管官吏铨选，职权颇重，列六部的首位。

当时，处在一人之下、万人之上高位的内阁首辅张居正正在大力推行改革。张居正是申时行的"座主"（即殿试时的考官），他对申时行极为器重。申时行出任吏部右侍郎，也是他的意思。申时行到吏部后，事事秉承张居正的心意，张居正大为高兴，以为得人。

就在这年，张居正的老父病逝。按照封建礼节，张居正须辞官回籍服丧三年。但张居正正在推行改革，神宗皇帝倚重于他，他一去，改革大业咋办？户部侍郎李幼孜上疏建议"夺情"。"夺情"是出征将帅有父母之丧，因军务不能回家服丧，皇帝诏令移孝于忠，在军中戴孝。此议一出，张居正的政敌纷纷上疏反对。翌年三月，张居正迫于强大的舆论压力，回江陵（今属湖北）老家服丧。

临行，他荐举两人入阁，参预机务，一是礼部尚书马自强，一是吏部右侍郎申时行。神宗诏准，命马自强以礼部尚书兼文渊阁学士，申时行以吏部右侍郎兼东阁大学士，入阁办事。不久，申时行进为礼部尚书兼文渊阁大学士。

当时，张居正去后，内阁中还剩下吕调阳、张四维两位阁臣。马自强、申时行入阁，阁臣增为四人。吕调阳年迈多病，很少到内阁办公。在内阁办公的仅张四维、马自强、申时行三人。神宗皇帝有令，国家大事驰告张居正，叫他裁决；小事由张四维全权处理。申时行在内阁大臣中排名最后，仅充位而已。

2. 与言官们争斗

万历十年（1582）六月，张居正病死，他死后不久，便遭到反对派的诬陷。张四维出为任内阁首辅。次年，张四维老父去世，他回家守丧。这时，吕调阳已辞官回家养病，马自强也已病死。内阁中就数申时行资格老了。于是，他继张四纬出任内阁首辅。

内阁中又新进余有丁、许国、王锡爵和王家屏四人。四人中，许国是歙县（今属安徽）人，嘉靖四十四年第三甲第一百零八名进士。王锡爵是太仓（今属江苏）人，嘉靖四十一年与申时行同榜登科，名次申时行，为第一甲第二名，即所谓的"榜眼"。王家屏乃大同山阴（今属山西）人，隆庆二年（1568）第二甲第二名进士。申时行、许国、王锡爵的里籍都属南直隶，算是同乡，关系极为密切。王锡爵是御史李植等力荐入阁的，他曾反对过张居正"夺情"，有些名望。李植等与申时行不合，荐王锡爵入阁，原是为了削弱、牵制申时行的权力、行动。谁知，王锡爵入阁后很快便与申时行抱成一团，成为申时行最亲密的盟友。余有丁和王家屏势孤，只能依附于申时行、许国、王锡爵三人。申时行有效地控制了内阁。

在这种局面下，首辅申时行振作起来，欲有所作为。

早在张四维当政时，张居正便受到反对派的诬陷。万历十一年（1583）三月，神宗下令追革张居正的官衔，废止他的改革措施。作为内阁首辅的张四维曾曲意巴结张居正，现在，他也鼓噪诋毁张居正，一改张居正时的做法，开通言路，起用被张居正贬抑的官员。张居正的余党很害怕，竭力巴结申时行以为助。从历史记载来看，申时行不大赞同张四维的做法。但当申时行执政后，他却不得不沿着张四维的路子走，务为宽大，起用稳重守成的官员，广开言路。他的这种做法，博得了大多数官员的赞誉。

然而，这种局面并未能维持多久。申时行广开言路，那些御史、给事中等言官活跃起来，纷纷指斥张居正执政时，遏阻言路，历数其罪行。申时行是张居正的心腹之一，言官们在指斥张居正时，无意或有意地涉及到申时行。申时行表面上宽以待之，视有海量，但内心却恨之入骨。后来，他实在难以忍让了，遂与言官们公开交锋，想方设法贬黜那些攻击张居正而涉及到他的人。

从文献记载来看，自万历十三年起，申时行便公开与言官对阵了。这年，御史张文熙上疏，历数从前的阁臣专恣自断的四种表现：各部各院都设《考成簿》，记录官吏功过，送内阁考察升降；吏部、兵部挂选官员，都得经内阁认同；督抚巡接办事，无不密谒内阁大臣请教；内阁首辅奉诏拟旨，独自行事。申时行上疏论争，对前三条，他认为是内阁的职权范围许可的，内阁中有徇私舞弊的可罢黜，但若因有一、二个阁臣徇私舞弊就把内阁的职权削弱，未免因噎废食。对最后一条，他说内阁首辅奉诏拟旨，曾无专断之举，都同内阁其他大臣商议。神宗觉得申时行讲得有理，遂绌张文熙之议不用。

此后，言官与申时行的矛盾冲突更加激烈，内阁其他大臣也卷入。"高启愚案"是言官与阁臣争斗的典型事例之一。

御史丁此吕上疏揭发礼部侍郎高启愚主持南直隶乡试时，出题《舜亦以命禹》，是劝进张居正当皇帝。神宗将他的奏疏批示申时行处理。申时行说："丁此吕以这种暧昧问题陷人于死罪，臣恐谗言接踵而至，不是清明王朝所应有的。"吏部尚书杨巍秉承申时行心意，建议将丁此吕贬出京师，神宗采纳。这下，惹怒了众言官，给事中、御史王士性、李植等纷纷上疏弹劾杨巍阿申时行意，蔽塞言路。神宗又觉得他们讲得有道理，诏令罢免高启愚，丁此吕留任。申时行见状，遂与杨巍一同上疏辞官。内阁大臣余有丁、许国上疏反对留任丁此吕，许国是申时行的好友，采取一致行动，也上疏辞官，向神宗施加压力。于是，神宗乃维持原来的判决，贬丁此吕出京。言官们群起攻击许国，申时行奏请按情节轻重惩治众言官。言官们与阁臣更加对立，有如水火。

以申时行为首的阁臣与言官的争斗严重败坏了万历朝的政治。申时行的名声也越来越坏了。

3. 排斥异己

与言官的争斗，使申时行声望大损，他也索性撕下宽洪大量的伪装，竭力排斥异己。

万历十八年（1590），吏部尚书杨巍辞官，商丘（今属河南）人、户部尚书宋纁调任吏部尚书。杨巍任吏部尚书时，党附申时行，事无大小，皆请示申时行。宋纁掌吏部后，杜绝请托，奖廉抑贪，处罚了100多个贪官污吏，没向申时行请示。申时行大为光火，伺机报复。吏部第一司铨选清吏司缺一名员外郎，宋纁上疏，建议以吉水（今属江西）邹元标充任。疏入，不见答复，宋纁便再上疏催问。申时行便拟旨斥责用邹元标不当，把邹元标贬谪南京。不久，有个叫刘文润的，向官府交纳了一批粮食，想买个官做。吏部任命他为詹事府录事，即一个掌管文书的小官。申时行弹劾刘文润靠输粟而做录事官不当。

实际上，当时殿阁中掌文书的官吏无不是输粟而得官的。宋痕明白，申时行在录事这么个小吏上做文章，是冲着他来的。就连远在福建的一个叫李琅的官员也洞悉到其中奥妙，上疏指斥申时行报复、排挤宋痕。宋痕无法在吏部任职，上疏辞官，神宗未准。不久，宋痕愤病而死。

秦王朱谊温乞封其弟为郡王，申时行赞同，大加帮助。但礼部尚书沈鲤认为朱谊温之请不合礼法，断然拒绝，神宗下诏称赞沈鲤做得对。申时行却从此怨恨沈鲤，处处排挤他。沈鲤无奈，上疏辞官，申时行迫不及待地要拟旨放他回去。神宗道："沈尚书是个好官，为何要他走？"传旨慰留。申时行更加忌恨沈鲤。他有个党徒叫陈与郊，官为给事中。陈与郊曾替人向沈鲤求个考官做，沈鲤未准，也怨恨沈鲤。于是，申时行指使陈与郊弹劾沈鲤，把他赶出京师。陈与郊觉得自己出面弹劾太扎眼，便请同僚陈尚象去办此事，他自己则背地里造谣中伤沈鲤。沈鲤实在无法在礼部任职了，上疏力辞，回了老家归德（今广西平果东北），不再出仕。

像宋痕、沈鲤这样因得罪申时行而横遭排挤的大臣，为数甚众。就连好友许国也遭到他的排挤。

许国是在万历十一年四月入阁的，他为人耿直刚烈，心直口快，从不加以掩饰。他入阁后，站在申时行一边，回击言官对申时行的攻击，申时行极倚重于他，结为密友。万历十八年秋，西北少数民族进攻临洮（府治狄道，今甘肃临洮），神宗召群臣商量对策。申时行主张维持从前的贡市以羁之，反对用兵。许国则认为非给予重创不足以令其臣服。神宗觉得许国言之有理，决定用兵。申时行从此对许国不满。不久，有个叫万国钦的上疏弹劾申时行，此人是许国的门生，申时行误以为他是受许国的指使，更加仇视许国，遂授意门生、给事中任让上疏弹劾许国，指斥许国是个蠢货，不配在内阁办事，想把许国赶出内阁。幸赖神宗皇帝器重，许国才得以保住阁臣的位子。

4. 纵神宗玩乐

神宗是个荒淫的皇帝，日夜纵酒作乐，变着法子玩，置国政民事于不顾。作为内阁首辅，申时行不加匡谏，反而出谋划策，纵神宗游玩。

当时，有一种经筵制度，皇帝定期与担任经筵讲官的大臣讲论经义。神宗很讨厌这种活动，每到讲经日期，就传旨免讲。这么一来，就招致了一些大臣的规谏，神宗很生气，但又不能置之不理。申时行见状，献上一计：经义可不必讲，每到讲经日，命讲官把他们的讲稿呈上即可。神宗很欣赏这一妙计，他可以借口自己看讲稿而停止讲经，至于看与不看，还不是自己说了算？即使不看，又有谁人知晓？经筵制度从此遭到破坏。

神宗皇帝最感到头痛的，还是那一道道的奏疏。每天，各种各样的奏疏都有几十道，甚或是上百道，御览、御批是一项极为繁重的工作。有个大理寺评事叫雒于仁，上了一道《酒色财气四箴》疏，历数神宗纵酒、好色、贪财、滥罚等劣迹，神宗大怒，吩咐申时行处理此疏，给雒于仁找个罪名，予以重罚。申时行劝神宗不要把此疏下发内阁，就留在宫中，由他出面，让雒于仁滚回老家去。神宗也觉得雒于仁所言都是事实，张扬出去对自己也不好看，就采纳了申时行的建议。申时行还告诉神宗，以后遇到不好办的奏疏，不妨都采取这种"留中"——留在宫中的方式。这样，上疏人摸不着虚实，还以为皇上在认真考虑呢！神宗大喜，从此，处理奏疏又添了一项"留中"方式。

申时行这两项发明，使神宗皇帝有了更多的时间玩乐，他自然十分感激这位得力辅佐，申时行的内阁首辅位更加稳固。但朝政更加腐败，国家大事荒废，甚至连尚书、知府去职后，空出的职位都无人替补，就那么一直空缺着。

5. 徇私舞弊

申时行时常凭藉职权，徇私舞弊。他常常吩咐某个官员安排某某人为某某官职，嘱咐某个官员把某某人撤职查办。有些官员俯首听命，马上安排查办；也有一些官员不买账，那么，他们很快便会倒霉。

兵部尚书王遴是因不买帐而倒霉的大臣之一。

王遴是霸州（今河北霸县）人，嘉靖二十六年（1547）进士，极有才干，从绍兴（今属浙江）推官累迁至兵部尚书。一次，申时行把一个人推荐给王遴。此人姓罗名秀，原是太监滕祥的奴仆，花钱贿赂一些官吏，成为一名禁卫军军官。申时行为讨好滕祥，嘱咐王遴让罗秀出任军事特务机构——锦衣卫的佥书，王遴没有照办。申时行大怒，伺机报复。不久，神宗去观看宫室，宦官持他的御批去兵部要马匹。按惯例，御批当钤印，由司礼监送兵部，没有径直下发兵部的。王遴上疏，说此举不合礼法。神宗龙颜不悦。申时行见状，乘机拟旨责斥王遴擅留御批，大不敬。他的一些同党也纷纷上疏弹劾王遴。王遴无奈，辞官而去。

监察御史王国也是因为不买申时行的帐而倒霉的。

王国是耀州（今陕西耀县）人，万历五年（1577）进士。

王国为人刚正不阿，任监察御史不畏权贵，秉公执法，曾上疏弹劾权宦冯保。后以监察御史的身份巡按河南，考察吏治得失，正好遇上六年一次的京察——对京官的考核，申时行手书他不喜欢的19名官员的姓名交给王国，要王国寻找把柄加以贬斥。王国没有答应。于是，申时行起用监察御史马允登负责京察，王国佐理。诸御史都到了，马允登写下19人的名字，对御史们道："这些人是社会舆论指斥的！"王国接过那份名单仔细看了一遍，正是申时行吩咐他查办而被他拒绝的那19人，他怒火中烧，叱曰："这些人仅仅忤怒当朝执政罢了！青天白日，何出此语？"马允登执意处置那19人，王国怒不可遏，上前便揍马允登，马允登吓得掉头便跑，王国穷追不舍。神宗闻知此事，把他们两人都贬出京师。王国托疾辞官。

6. 皇储问题上首鼠两端

神宗的长子是朱常洛，他的母亲王氏是慈圣皇太后的侍女，一次，神宗去朝见母后，遇上了王氏，一时冲动，临幸了她，遂有朱常洛。但神宗并不喜欢王氏，也不爱她生的朱常洛。朱常洛4岁那年上，神宗宠爱的郑贵妃生下了朱常洵，子以母贵，朱常洵倍受神宗的宠爱，神宗意欲立他为皇储。废长立少，是不合乎封建礼法的，公卿大臣怕神宗真的走这步棋，遂推内阁首辅申时行为首，联名上疏，请立朱常洛为皇储。神宗置之不理。

通过这次上疏，申时行彻底明白了神宗的心意，那就是立朱常洵为皇储。申时行既想讨好神宗皇帝，赞同他废长立少，又怕此举得罪公卿大臣。想来想去，他决定采取首鼠两端的策略，在神宗面前赞同废长立少；在群臣面前，则装作恪守礼法，反对废长立少。

一些大臣见神宗不听劝谏，便把攻击的矛盾指向郑贵妃，颇多指斥。神宗见爱妃遭到指斥，大为光火。申时行见状，献上一计：官员上疏言事，范围限定在自己的职掌内；不是职权范围的，不得妄言。各部各院的奏疏，都先交各部各院长官，由他们审查，合乎规定的，才准上呈皇帝。神宗对此妙计大加称赞。从此，没人再敢指斥郑贵妃了。

但群臣建议尽快立朱常洛为皇储的呼声不断，申时行也装模作样地上疏劝谏了几次。神宗不能不有所表示了。万历十八年，他下诏说："朕不喜鼓噪。最近诸臣的奏疏一概留中，是痛恨一些人离间朕父子。若明年你们不再鼓噪，就于后年册立。否则，等皇长子十五岁以后再说。"申时行急忙诫告诸臣不要再鼓噪了。

明年，工部主事张有德上疏，请订立册封仪式。神宗怒，诏令册立之事延期一年。内阁中也有疏上奏，请准备册立之事。当时，申时行适逢休假，主持内阁事务的许国出于对申时行的尊敬，上疏署名，把他列在首位。申时行闻知，密上一疏，说："臣正在度假，那道奏疏实与臣无关。册立一事，圣意已定。张有德愚笨不谙大事，皇上自可决断册立之事，不要因一些小人鼓噪而影响大典。"这道密疏很快便传了出来，群臣们见申时行首鼠两端，大为气愤。给事中黄大效上疏，弹劾申时行表面上赞同群臣立朱常洛为皇储的建议，背地里却迎合皇上的心意，拖延册立一事，以邀皇恩。内阁中书黄正宾上疏，弹劾申时行排挤、陷害同僚。结果，黄大城、黄正宾两人被罢官。

然而，高压政策未能使大臣们退缩，御史邹德泳再次上疏，指斥申时行首鼠两端。

申时行的心迹终于败露了，他见群臣激愤，担心大祸临头，遂上疏辞官。神宗诏准，许他乘驿站的车马归乡。

他做了八年的内阁首辅，没有多少建树，靠排斥异己、讨好神宗而坐相位。最后，身败名裂，灰溜溜地下台。

7. 寿终正寝于老家

万历十九年八月，申时行回到了故乡长洲。这年，他年五十有七。他在老家度过了二十三年。万历四十二年，他年满八旬，神宗遣使存问。诏书到了申府大门，申时行咽气。神宗诏赠太子太师，谥号"文定"。

申时行有两个儿子，长子申用懋，次子申用嘉。申用懋是万历十一年第二甲第二十一名进士。他中进士，在相当程度上是靠父亲申时行的权势，御史魏允贞曾上疏揭露。神宗看在申时行的份上，没有追究。申用懋累官至兵部职方郎中。职方郎中是兵部职方清克司的长官，掌天下舆图，即地图。神宗诏任太仆寺的副长官——少卿，命他以太仆少卿的身份负责职方清吏司事务。再迁右金都御史，代皇帝巡抚顺天（府治大兴、宛平，治北京）。崇祯（1628—1664）初年，从兵部右侍郎升为左侍郎，再迁为兵部尚书，以病乞归。死后赠官太子太保。

（三）人物评价

马克·布洛赫曾经说过："理解才是历史研究的指明路灯。"然而，身处明朝政治日益败坏时期的申时行，似乎能够被人理解的不多。能够对他表示理解的大都给他以"和事佬"的角色。譬如，著名的美籍华人历史学家黄仁宇先生在其《万历十五年》中多次提到："时势要求申时行充当和事佬，他就担任这样的角色，至于别人的评论如'首鼠两端'之类，就只能付诸一笑。""生当末世而身居首辅，他的困难是带有时代性的，其中的情形非今人所能想象，也不是从组织上和技术上所能解决的。他没有明确的法律条文可供咨询，只能依靠道德习惯和人事的手腕来应付一切……因为形格势禁，他只能用调和折衷的办法来解决问题。"另一位学者何娅撰《浅析首辅申时行的政治态度和行为》进一步为申时行打抱不平，她从申时行在位的政治行为分析，认为他能现实务政，在矛盾中寻找制衡点，监督国家行政，注重皇帝德行的培养，关注民生、边防，挽救人才，维持社会稳定。所举这些评价都是比较客观的。

但，正如前面所提到，能够理解申时行的不多，大多数学者对申时行是抱有批评态度的。具体表现在以下几方面：

（一）政治败坏的最大责任者

明神宗朱翊钧从1586年秋末冬初时开始了漫长的怠政时期，不肯上朝接见大学士及面见大臣商讨国事，不亲行太庙，不及时处理大臣奏疏等，以致政纪渐渐败坏，不可挽救。身为首辅的申时行便成了众矢之的，他们都认为申时行作为首辅，每天都可以在皇上身边劝言、进谏，这样皇帝就不会如此昏怠。持有这种观点的代表有谈迁、孟森及黎东方等。

谈迁在《国榷》卷七十二中指出："蒲州之进士由江陵及……阴行排挤吴县亦踵其故智。使纪纲陵迟，侵渔日恣，吏贪而民玩，将惰而兵骄，国储荡然。甚无穷之祸。彼蒲州者，诚江陵之罪人也。"矛头直指申时行这个吴县人。

黎东方《细说明朝》中也指责申时行内外俱柔，为此还列举了四条理由：一、他把张居正的一套综核名实的办法束之高阁。二、他帮助神宗逃学，不反对神宗之"每遇讲朝，多传免"，替神宗想出一个偷懒的办法，用进呈讲章来代替讲授，在事实上永远停止了讲筵。三、他帮助神宗拒谏，"令诸曹建言，各及所司职掌，听其长执而献之"。四、他又教了神宗，把不愿接受的奏疏"留中"，不批不发，置之不理。

更为甚者的是，在孟森《明清史讲义》中，申时行完全成了神宗怠于临政的罪魁祸首。他写道："申时行遇事迁就，以成其过。留中之例开，言路无所施其匡救，于是朝堂争议，于君国不生效力，惟在臣僚间自为恩怨，明党分歧，言论庞杂，往事者无所措手。"此言一出，必然会引起轩然大波，樊树志先生在《万历传》中举起义旗，说申时行的迁就仅仅给明神宗的独断创造了机会。樊树志先生还从事实上和逻辑上给出了理由，事实上，在申时行任首辅几年中，明神宗系最繁忙的时期，"事无巨细都要过问"，根本上谈不上荒怠疏懒。逻辑上，申时行如果像严嵩那样，那么神宗就可以像他的祖父世宗那样，不理朝政。在申时行当首辅的前几年，神宗的确有过一段励精图治，但从1586年开始就渐渐慵懒。不过，樊树志先生的驳斥确实为我们更好的了解申时行这个人提供了参考。

（二）非良臣者也

清人陆以湉对申时行的看法：没有良臣的作为。在他的随笔漫录《冷庐杂识》中谈到："赵用贤以苏、松、嘉、湖诸府财赋敌天下大半，民生大困，与进士袁黄商榷数十昼夜，条十四事上之。申时行、王锡爵以为是吴人不当言吴事，调旨切责……夫申、王亦吴人，为大臣者，道在泽民，况乡帮疾苦，尤当力为拯救，乃反加以谯让而沮之，是诚何心哉！二人不得为良臣，即此可见。又吴中白粮为累，臣承役辄破家，给事中张栋请令出资助漕舟附载，申时行、王锡爵绌其议。"生于清朝的陆以湉先生自然是无法体会到申时行的处境，如果仅指此事而言，他对申时行的看法无可厚非，但是仅以此事件就将申时行的一生给否决，恐怕就是以偏概全。

(三)依阿自保，毫无建树

申时行在他的任职期间，因为他的处事方式，令许多人讥讽为依阿自保，也正因他的处事方式而致使他力求一切平稳而被人们认为毫无建树，对于此种看法，从《明史》《明代状元奇谈·明代状元谱》等都可寻觅。"外畏清议，内固恩宠，依阿自守，循默避事，不能有所建白。""时行务承帝意，不能大有建立。"凡此种种，都是说申时行的无所作为。

那么，真实的申时行到底是什么样子呢？

下面主要从以下几方面进行浅析。

(一)对待国家要事方面

万历一朝首数一件要事应是立储问题。这不仅涉及明朝江山将由谁来接管的问题，最主要是祖宗之法能否被遵守的问题。自万历十四年，皇三子朱常洵出生，郑氏被进封贵妃那刻起，深受儒家纲常教育影响的申时行，不会不知道，自古祖宗便有法规定：立嫡以长不以幼，加之明王朝已发生过一次朱棣篡位。申时行感到自己有责任去提醒皇上。于是就在皇三子出生后不久，申时行两次上请皇上，要求将皇长子朱常洛立为太子。在皇上以皇长子幼弱为由婉转拒绝之后，申时行采用迂回战术要求为皇长子延聘讲师。很多廷臣对他的做法讥为依阿自保。却没有理解到当时申时行的难处。作为一个首辅，虽是可以在御前说话，但是此时的神宗心理却是充满独断之心：万事皆由上裁，区区一个辅臣岂能左右皇上。如果硬碰硬，无异于以卵击石，受伤的自然不会是皇上。况且只有保存自己，才有机会在皇上身边婉言相劝令其最终改变主意，转而遵守祖宗成法。

　　万历一朝还应该举到的一事便是边防安全问题。申时行在位的几年中，边境危机虽没有消除，但没有发生重大事件，这不能不说有申时行的一份功劳。最明显的例子，万历十八年，虏骑入侵，本朝一名副总兵李联芳阵亡，文官大部分主张兴兵讨伐，而申时行答皇上曰："今日边事既未可轻于决战，又不可专于主抚。只是保守封疆，据险守隘，坚壁清野，使虏不得大肆，及是万全之策。"安境安民，这不失为一种可行之策。轻率出兵，只会劳民伤财，过于主抚，只会令虏骑觉得大明王朝软弱可欺；只有爱惜国民，注重边境防御工事，才可以民心向一，军事强大，最终达到使虏不得肆掠。

　　在处理国家要事面前，申时行是审时度势，顾全大局之人，虽然其行动不能立马奏效，在对待国事，申阁老是尽忠尽责的。

　　（二）对待民生方面

　　民乃立国之本，申时行是深知此道理的。万历十四年四月初九，京师地震有声响。申时行便上奏，希望皇上祗天戒，恤民艰，慎起居，修政事，这无不包含申时行对民生首期的忧虑。又万历十五年，江南水患，江北蝗灾，山西、陕西、河南、山东旱灾，申时行深为忧虑，于是建言皇上应该恤灾荒，慎刑狱诸事。这些都可以说明申时行对民生问题的关注。与此同时，申时行还时刻关注边关将领，多次致书给他们，如《纶扉简牍》

《答王云衙巡抚》等。能够亲自致书给比自己职位低的将领的首辅，不管出于何心，都不能否认首辅时行对民生疾苦关心的一片诚意。

（三）对待廷臣方面

能够位居首辅，可谓是一人之下，万人之上，拥有如此殊荣的申时行，却没有以此为资本，在朝廷上"张牙舞爪"，大肆打击报复对自己参劾过的官员。在位八年半，他一直都在用恕道待人，努力和他们和谐相处。万历十四年，在申时行的建议下，进京朝觐考察的大部分官员的职位都保持了不变。又，1894年，邹元标正因上书言事触怒神宗，范俊又在此时将陈政时的奏疏刚好送入，加之神宗小患感冒，心情不好，神宗因此大怒，下令要重处邹元标和范俊。申时行却不计前嫌，竭力为邹无标、范俊求情，两人虽被斥为平民但得以保全性命。在申时行的政治生涯中，不单为邹、范两人求过情，还曾救过顾宪成、雒于仁等人。至于有人责怪申时行为雒于仁一事而开了奏章留中的先例，恐怕是无法理解申时行当时的那种救人心切的苦衷和无奈。况且，申时行又怎么会知道明神宗有了这次奏章留中的先例，竟然会继续发生第二次，第三次……一切都是难以预测的，当时他力所能及的自然就是不惜一切挽救雒于仁的生命。

（四）申时行个人品行方面

与申时行持不同政见者，往往指责他是"首鼠两端""出尔反尔、违背初衷""曲意逢迎"等等，事实是不是这样呢？

在黄仁宇先生著《万历十五年〉中有这样的记载："对于皇帝停止早朝和出席经延筵，申时行写诗责备自己的无能："王师未奏康居捷，农扈谁占大有年？衮职自惭无寸补，惟应投老赋归田。"申时行是一个懂得自省的人，不仅单为皇上罢朝和停止经筵之事深深自责，而且他一生都在为王事鞠躬尽瘁，多次赴大浴山督工。

与此同时，申时行还是一个懂得感恩的人。当明神宗籍张居正家时，逼迫张居正后代走投无路，居正长子抵挡不住严刑逼打，自缢身亡。以文字受知于张居正的申时行听闻之后立即上奏，请求皇上从轻发落他们。显然，申时行对张居正对他的知遇之恩是心存感激的。除此之外，申时行亦是懂得变通且务实之人。

综观申时行的生平事迹和各种政治行为，可以从中窥见他的确有为君为民的努力。作为一个没有决策权的申时行，即使有御前说话的权力，却没有权力左右皇帝的意志。也就是说，我们不能太过于苛求申时行像前任那些首辅一样有杰出的匡扶济世的才能，因为这时的神宗已经不再是十岁时的神宗，好不容易摆脱张居正，大施拳脚，岂会轻易让大臣们"说三道四"。可以这样说，申时行虽然没有大所作为，也并非无作为。他已经尽到了一个辅臣应尽的责任。他的处事和为人使得万历一朝平稳度过张居正之后的那段危险期，平定了人心，稳定了政局和秩序。

申用嘉

（一）生平简介

申用嘉，字美中，号经峪。男，明朝苏州府长洲人。生卒无考。申时行之次子。官至广西参政。

（二）主要事迹

申用嘉在万历年间中举人。随后担任赣州府推官，在办理诉讼案件时纠正了许多冤假错案。后来升官至贵州按察司副使，巡察思石道时，修筑城墙训练士兵，使得境内安宁。再升官至广西参政。

（三）历史评价

申用嘉有申时行这样高官的爹，仕途一帆风顺。

申用懋

（一）生平简介

申用懋（1560—1638），字敬中，号元渚，男。南直隶长洲（今江苏苏州）人。申时行长子。官至兵部尚书。

（二）主要事迹

申用懋，万历十一年（1583）第二甲第二十一名进士，累官至兵部职方郎中。职方郎中是兵部职方清吏司的长官，掌天下舆图，即地图。神宗诏任太仆寺的副长官——少卿，命他以太仆少卿的身份负责职方清吏司事务。再升官为右佥都御史，代皇帝巡抚顺天（府治大兴、宛平，今北京）。忤魏忠贤，罢归。崇祯初年，从兵部右侍郎升为左侍郎，再迁为兵部尚书，以病乞归。死后赠官太子太保。

（三）历史评价

申用懋有申时行这样高官的爹，再加上自己的聪明才智，仕途就更加的顺利了。

申绍芳

（一）生平简介

申绍芳，男，南直隶长洲（今江苏苏州）人。生卒无考。申时行的孙子。

（二）主要事迹

申绍芳，进士，官至兵部左侍郎。具体事迹无考。

（三）历史评价

申绍芳一家祖孙三代都是进士，都是大官。可见这个家族不简单。

申佳胤

（一）生平简介

申佳胤（1602—1644），男，明末官员，《明史》避雍正皇帝胤禛之名讳而作申佳允，申涵光之父。字孔嘉，又字浚源，号素园，北直隶广平府永年县（今属河北省邯郸市）人。崇祯四年（1631）进士，历任知县、吏部文选司主事、吏部考功司员外郎、南京国子监博士、大理寺评事、太仆寺丞等职。甲申之变，佳胤殉国死节，赠太仆寺少卿，谥节愍。入清，褒扬忠烈，赐谥端愍。有《申端愍公诗集》《申端愍公文集》传世。

（二）主要事迹

1. 生平事迹

申佳胤六岁丧父而孤，家庭贫困，无所仰赖供给，其母靠纺织维生，有时一日只食一餐。申佳胤自幼便以节操刚正自励，面对他人从不显露饥寒的神色，他人无法看出其境况。

万历四十八年（1620）补生员。天启元年（1621）辛酉乡试举人。崇祯四年（1631）辛未科第三甲第九十五名同进士。六年（1633），授河南开封府仪封县知县。仪封民风勤谨简朴，易于治理，申佳胤减省繁苛的教条，打算与民休息；仪封县原本多盗贼，申佳允严格实行保甲法，使盗贼无处容身，治安渐佳；遇到大雨不止，黄河决口，申佳胤亲自冒着怒涛乘船组织民工堵塞决口；县内有大土豪，奸诈狡猾而扰乱治安，申佳胤将之捕捉处刑，县境内为之震撼。

七年（1634），申佳胤因有才改调杞县。八年（1635），流寇"扫地王"率万人攻打杞县县城，城墙土垣多处崩塌，申佳胤招募死士死守并击溃流寇，因之将土城改建砖城；其后流寇高迎祥等攻入河南，唐王朱聿键率兵勤王，勤王军即将抵达开封府时，诸位省、府大吏甚为惶恐不安，聚集会议说："留之，不听。行，守土者且得罪。"申佳胤主张："惟周王可留之。"众人称善，于是用申佳胤之计。

十年（1637），因政绩卓异，擢吏部文选司主事。上疏防备边患之五项策略。十三年（1640），升吏部考功司员外郎。佐理京察。因大学士薛国观倾轧少詹事文安之，文安之因是崇祯辛未科会试主考官，申佳胤奉之为师，故受牵连，又因举劾公正之事忤逆温体仁，贬官出为南京国子监博士。后升迁大理寺评事。再升太仆寺寺丞，于近畿巡阅御马。

崇祯十七年（1644），以太仆寺丞奉旨出巡牧场。听闻李自成攻破居庸关后围攻京师，情势仍可避难躲藏，旁人劝申佳胤不要进京，申佳胤流泪说："固知京师必不守，然我君在焉，安危共之，何所逃避。"三月十二日，申佳胤行山路回京，驰马入都城，到处拜谒军政大臣，筹划与投递守城战之策略，都不被接受。申佳胤留给长子申涵光书信写道："行己曰义，顺数曰命，义不可背也，命不可违也。吾受国恩，誓死相报，不复顾家矣；天下事莫不坏于贪生而畏死。死于疾、死于利、死于刑戮、于房帏、于斗战，均死也。死数者，不死君父，盖亦不善用死矣；今日之事，君父之事，死义也，犹命也，我则行之。"

三月十九日，京师遭流寇攻陷。申佳胤穿戴整齐冠服，叩拜辞别年老母亲，骑马至王恭厂，随从家仆请求申佳胤改换便服以逃避贼兵。申佳胤说："吾起微贱，食禄十三年；国事至此，敢爱死乎！"两个家仆围守着不离去，申佳胤欺骗他们说："吾不死也，我将择善地焉。"下马向北叩拜，申佳胤看见一灌溉水田用的巨井，突然跳入巨井中，家仆大惊呼号，欲将申佳胤救出。但井水浅，只超过腹部高度，申佳胤喊道："告太安人，有子作忠臣，勿过伤也。"于是坐地吸水而溺死，年四十二。南明福王监国时追赠太仆寺少卿，谥节愍。清顺治十三年（1656）下诏褒扬甲申死难诸臣，赐谥端愍。申佳胤死后，名士陈子龙为其作《申节愍公传》、殷岳为其作《行状》，子申涵光、申涵煜、申涵盼编有年谱。

2. 著述名录

申佳胤善诗，《四库全书总目提要》评申佳胤诗风："大抵直抒胸臆，如其为人，但体格尚未成就，且不免浸淫明末纤仄之习。然凛然刚正之气，足使后人起敬，不敢复以诗格绳之。"著有《君子亭集》《四书铎》《诗经铎》《四书镜》、子申涵光辑《申端愍公诗集》六卷，卷首有《家传》。收入《钦定四库全书》集部六·别集类五，子申涵光辑《申端愍公文集》二卷。

（三）历史评价

申佳胤，明末政治人物、诗人、经学家。

申自然

（一）生平简介

申自然（？—1681），名蒲，男，明朝末年清朝初年南华亭人。

（二）主要事迹

1. 画画有名气

申自然毛笔字写得很漂亮。他的画在当时很有名气的。在明朝灭亡后，变卖家产起兵反清，事情败露后被捕，几乎死掉。后来有人用调包计把他调换出来，得以逃脱。后来靠卖画筹措资金想救朋友出狱，事情没有成功。他因为这件事情而愤恨自杀了。

2. 学狗叫的申自然

清初，宜兴人陈昭大的叔叔担任沛县教谕，陈昭大跟他来到沛县。一天，他在准提庵看到墙上挂着一幅画，觉得很好，就问和尚，原来是申自然画的。他俩相见时，陈昭大刚坐下，哮喘突然发作。申自然为他抓药，陈昭大喝了就好了。陈昭大很感激申自然，回去与叔叔商量，要请申自然当幕宾。申自然知道后，说："我与朋友十二人同游，他们不能都呆在沛县，我要画画为朋友们筹集旅费，然后才前来。"两人约定好，申自然就离开了。

一个月后，申自然又拜访陈昭大，说："那十二个朋友，我全部遣走了。"陈昭大于是请申自然当幕宾。申自然住了将近一年时间，从不提自己身世，只是嗜酒，一喝酒酩酊大醉，醉后大声唱歌呼喊不停，直至学狗叫才停止。陈昭大很奇怪，偶尔询问，申自然不回答。一年多后，申自然才流着泪告诉了陈昭大。

"我在明朝时是某博士弟子，家财丰饶。明亡后，我不忍故主之亡，抛弃科举，散尽家财结交侠客，将有所作为。我还没有起事就有人告密，连坐的六七百人都被一起处决。我被押赴西市斩首时，忽然有围观者从众人中拉我出来，自己混入死囚队伍。我与他素昧平生，他默默代我而死却没留下姓名。我逃去后，回家一看，我家人老幼七十二口，以为我必死，都先期悬梁自尽了。我家的狗守在我妻子尸首边，已经死了，旁边死了四条邻居家的狗。原来我妻子有孕在身，死后胎儿掉在地上，我家的狗守护着胎儿，与想吃掉胎儿的邻居家狗搏斗，咬死了它们，自己也力竭死去。我每当想起这件事就痛心，所以醉后学狗叫。我如今家破人亡，却始终不悔。我自称申自然，你就当我是申自然吧，不必追问我姓甚名谁。我自称松江人，你就当我是松江人吧，不必探究我来自何方。"

后来住在山东的老朋友招申自然去。恰逢陈昭大因为叔叔的公务去淮安出差，申自然来不及与他告别，就留封信给陈昭大说："我已经六十多岁，我家已经没人了，我也无力回天了。我卖画挣到两百两银子后，打算来宜兴，在你家养老。"陈昭大记在心里。一年后，陈昭大叔叔罢官回乡，陈昭大也离开沛县回到宜兴。两年后，申自然又从杭州写信给陈昭大，说："我朋友已经身陷大狱，官吏说得到三千两银子可以免我朋友一死。我在杭州卖画，差不多挣到一半了。我去南京救出朋友后，就去你那儿养老。"陈昭大又记住了。

然而申自然从此杳无音信。过了很久，陈昭大才听说申自然想救出的朋友竟然最终判死刑，已经行刑了，申自然在行刑当天神秘死去。

申自然是恸极身亡？是遗恨自尽？还是别有隐情？"不求同年同月同日生，只愿同年同月同日死"，历史虽然逝去，却留下了一个大写的"义"字。

上面的故事在《清稗类钞》上有记载的。

（三）历史评价

申自然是明朝末年清朝初年有名的画家、艺术家。

申为宪

（一）生平简介

申为宪（？—1642），男，明朝广平府永年人。

（二）主要事迹

申为宪，进士，官至山东副使。后来罢官闲居。崇祯十五年，清兵破城，殉节而死。具体事迹无考。

（三）历史评价

申为宪殉节而死，其志可嘉！

申克敬

（一）生平简介

申克敬，男，明代四川昭化人。生卒无考。官至河南右布政使。

（二）主要事迹

申克敬在洪武中期以太学生身份开始担任官职，他以自己的才干和练达的作风著称。官至河南右布政使。具体事迹无考。

（三）历史评价

申克敬为官干练。

申以孝

（一）生平简介

申以孝（？—1644），男，明朝末年人。官至知县。

（二）主要事迹

申以孝在崇祯十七年（1644），李自成的军队攻占了大同城，里居知县申以孝被杀。

（三）历史评价

申以孝殉节而死，其志可嘉！

申湛然

（一）生平简介

申湛然（？—1644），男，明朝顺天府宛平人。一说官至工部侍郎。

（二）主要事迹

申湛然在崇祯时期为太学生，同新其侯刘文炳关系很好。后来在东江挂了个监军道的职衔，再升官至工部侍郎。李自成攻入北京后，申湛然因为把刘文炳的祖母藏匿在家，遭到拷打而死。

（三）历史评价

申湛然是个重视义气的人。

申屠祺

（一）生平简介

申屠祺，男，崇德人。生卒无考。

（二）主要事迹

申屠祺洪武中期担任御史。具体事迹无考。

（三）历史评价

申屠祺是明朝初年的御史官员。

申屠铎

（一）生平简介

申屠铎，男，怀安人。生卒无考。

（二）主要事迹

申屠铎永乐时期的举人，任教谕一职。具体事迹无考。

（三）历史评价

申屠铎任教谕一职，应该是桃李满天下的。

申屠建

（一）生平简介

申屠建，男，怀安人。生卒无考。

（二）主要事迹

申屠建永乐时期的举人，任湘潭县教谕一职。具体事迹无考。

（三）历史评价

申屠建任教谕一职，应该是桃李满天下的。

申屠迪

（一）生平简介

申屠迪，男，怀安人。生卒无考。

（二）主要事迹

申屠迪天顺年间任训导一职。具体事迹无考。

（三）历史评价

申屠迪任训导一职，对教育管理方面是有贡献的。

申屠祥

（一）生平简介

申屠祥，男，福建人。生卒无考。

（二）主要事迹

申屠祥弘治中期担任临川县丞一职。具体事迹无考。

（三）历史评价

申屠迪任县丞一职，对于当地社会与经济等方面是有贡献的。

申　甫

（一）生平简介

申甫，明朝时期云南人。生卒无考。好为行侠仗义之事，口才很好。清初散文"三大家"之一汪琬（1624—1691）撰写有《申甫传》。《申甫传》记事简当不繁，代表碑传文的水平。

（二）主要事迹

申甫，云南人，好为行侠仗义之事，口才很好。他还是小孩子的时候，曾在路上用绳子系着一只老鼠玩耍。有一个道人路过此地，就教申甫戏耍老鼠。他叫申甫从路边捡来几块石头，四散摆放在地上，把老鼠放到四散的石块之中，老鼠多次奔逃，都逃不出去。不久，一只狸猫被吸引过来，狸猫想抓老鼠，也始终无法进入石阵，狸猫和老鼠相持了很长一段时间。道人于是在申甫的耳旁悄悄地说："这就是人们所说的八阵图，小孩子你想学吗？"申甫此时还小，不懂道人的话，当即回答说："不想学。"道人就走了。

明代天启初年，当时申甫已经做了和尚，在河南、山东一带来往，在佛法上没有什么造诣。他来到嵩山，又遇见自己小时候见到的道人，就要求学习道人的法术，用对待师长的礼节侍奉他。道人临走时，丢给他一卷书，就告别而去，不知到哪里去了。申甫打开这卷书，看到书里讲的都是古代的兵法，而且对车战的介绍非常具体。申甫就留在嵩山，学习了一年多，不再钻研佛学了。

不久，申甫把兵书埋在嵩山下，前往颍州，在颍州人刘廷传处，做了他的门客。刘廷传，原先是颍州的大侠，门下有几百名食客，都喜欢谈论兵法，然而没有一人能比得上申甫。刘廷传资助申甫，让他前往京城。申甫多次拜见朝廷公卿，向他们介绍自己学到的兵法，然而始终没有人相信他的话。崇祯帝即位，清兵从大安口入侵，很快逼近了京城，京城的九道城门白天都关闭了。在这种情况下，庶吉士刘之纶、金声知道形势紧迫，就向朝廷推荐申甫。崇祯帝在便殿召见申甫，用温和恳切的言语慰劳他，申甫感激涕零，在便殿的台阶下磕头，大声呼喊："我没有什么才能，愿意以死效忠陛下。"崇祯帝就当即授刘之纶为协理戎政兵部右侍郎，金声以御史的身份任参军，而申甫任京营副总兵，然而实际上没有给申甫一兵一卒，只是让他自己去招募士兵。过了三天，只招募到少量的兵员，都是城里的穷人，不知道怎么使用兵器，而申甫学到的兵法，是擅长车战，仓促之间不能操练。申甫正要选个日子部署军队，还没来得及备战。正当这个时候，朝廷里的权贵们都不熟悉兵法，与刘、金二人的很多意见不一致，又妒忌申甫本来是个百姓，却得到越级任用，就出主意让他先出头去抵挡敌人，他们不分白天黑夜地送来兵符，催促申甫出城迎战，而正逢武经略满桂在安定门外战败身亡。满桂，原先是大同总兵官，是知名的老将，因为支援朝廷赶往京城，崇祯帝正倚重于他。满桂兵败以后，京城朝野震惊，恐慌的情绪弥漫全城。在这种情况下，申甫不得已，趁着夜里带着手下的士兵用绳子吊下城墙，出了城，还没到卢沟桥，士兵就逃得所剩无几了。申甫亲自肉搏迎战，中了数十支箭，就这样被杀了。这时，权贵们争相把责任推给申甫，而且嘲讽刘、金二人荐人不当。等到清兵撤退后，竟然没人理会申甫战死这件事。距离申甫死后几天，刘之纶又分八路出兵，赶往遵化，独自率领部下在娘娘山安营扎寨，遇见伏兵袭击，刘之纶监督将士拼死迎战，打了一天一夜，各路援兵没有赶到，刘之纶也战死了。

（三）历史评价

申甫好为行侠仗义之事，口才很好。

第六章

申氏历史名人（清代）

一　清朝 15 人：**申锡　申甫　申保
申氏（李天挺妻）　申颐　申蕙
申锡绶　申大年　申立功　申汝慧
申启贤　申涵光　申涵煜　申涵盼
申朝纪**

申　锡

（一）生平简介

申锡（1821—1861），字子贻，男，清道光咸丰年间制陶名艺人。善用白泥，清代宜兴壶艺的后起之秀，壶底用款"茶熟香温者帝元"。曾和杨彭年、瞿子冶合作创制作品。

（二）主要事迹

当年因游宜兴玉女潭有"帝命主苏山，功成有申锡"之句，而取此义，名为申锡，笃志壶艺，且善雕刻。制品喜用白泥（本山绿泥）配制，精者捏造，巧不可阶，若寻常之品，每用模制。鉴赏家能辨之。所制壶，壶底多钤"茶熟温香"阳文篆书方印，盖内有"申锡"阳文楷书小印。把梢下有"申锡"二字篆章。申锡常和朱石海等文人合作。《阳羡砂壶图考》称：阳羡壶艺能蔚为名家者，当推其为后劲，后此则有广陵绝响之叹。

（三）历史评价

申锡是清道光咸丰年间制陶名艺人。

申　甫

（一）生平简介

申甫（1706—1778），字及甫。男，清代江苏扬州人。官至副都御史。

（二）主要事迹

申甫在乾隆元年因为诗写得好，推举为博学鸿词。乾隆六年（1741），乡试中式，担任中书舍人。后来升官至副都御史。著有《笏山诗集》。

（三）历史评价

申甫是清初的诗人。

申　保

（一）生平简介

申保（？—1781），男，清朝满洲镶白旗人。颜扎氏。

（二）主要事迹

申保，最初是由笔帖式官职升为主事官职。到了乾隆年间，历任喀什嘎尔、乌什等地的办事大臣。后来官至镶红旗汉军都统，伊犁参赞大臣。

（三）历史评价

申保是第一个少数民族改姓申氏的杰出人物。

申氏（李天挺妻）

（一）生平简介

申氏（李天挺妻），女，日照人。生卒无考。

（二）主要事迹

由于李天挺早年身亡，申氏的婆婆对申氏要求很严格。到申氏六十岁时，还要整天跪在大堂上。后来她婆婆死了，她"以毁卒"。《清史稿·烈女传》卷五〇八上有她的记载。

（三）历史评价

申氏（李天挺妻）是又一个烈女典范。

申　颐

（一）生平简介

申颐，字敬立，男，清朝直隶广平府永年县人。申涵煜之子。清朝的诗人、书画家。

（二）主要事迹

申颐，副贡生。诗长五古，出入苏、黄。兼工书、画。晚授唐县教谕不就。著《耐俗轩集》。《清画家诗史》上有关于他的记载。

（三）历史评价

申颐，清朝的诗人、书画家。

申　蕙

（一）生平简介

申蕙，字兰芳，女，苏州府长洲县人。生卒无考。清代女词人。

（二）主要事迹

申蕙，早年进入宫闱，后来嫁给嘉兴沈某为妻。她的书法师从孙过庭。她的诗苍老，不作闺秀阁中语，工词。与归淑芬齐名，所著《缝云阁集》与归之《云和阁诗》并称《二云阁诗草》。

（三）历史评价

申蕙是清代女词人。

申锡绶

（一）生平简介

申锡绶，男，生卒无考。清朝宣统时期城固人，官至湘乡知县。

（二）主要事迹

申锡绶在宣统三年湘乡知县任上，新军反叛，攻占长沙。申锡绶与沈瀛一同受死，绝不向新军投降。

（三）历史评价

申锡绶是一个殉国的忠臣。

申大年

（一）生平简介

申大年，字鹤圃，男，清朝湖南祁阳人。生卒无考。官至邵武府知府。著有《听雨楼诗文集》。

（二）主要事迹

申大年乾隆十二年（1747）中举人，考取了方略馆誊录的官职。后来补为翰林院侍诏，再升为刑部司员。再晋升为郎中，补为邵武府知府。到任后，把一切苛政都予以废除。著有《听雨楼诗文集》。

（三）历史评价

申大年在任时能够废除苛政，为民办实事，是一个好官。

申立功

（一）生平简介

申立功，字梅溪。男，清朝江苏长洲人。生卒无考。

（二）主要事迹

申立功擅长下围棋，是道光咸丰时期的围棋高手之一。具体事迹无考。

（三）历史评价

申立功擅长下围棋，是道光咸丰时期的围棋高手之一。

申汝慧

（一）生平简介

申汝慧，字定甫，号南峰。男，清朝山西灵石人。官至无为州知州。

（二）主要事迹

申汝慧在乾隆五十九年（1794）中举人，历任安徽宣城等县县长，后又升为无为州知州。在任期间，屡逢旱涝等天灾，多行善政，为民称诵。

（三）历史评价

申汝慧在任期间"多行善政，为民称诵"，是一个好官。

申启贤

（一）生平简介

申启贤（？—1839），字子敬，号镜汀，清朝河南延津南街人。清嘉庆七年（1802）进士，为翰林院庶吉士，后历任福建道、江西道监察御史、顺天府尹、仓场侍郎、礼、户、吏部侍郎、山西巡抚等职。有人称其"禁烟先驱"，并非过誉。

（二）主要事迹

申启贤体察民情，办事精细，忠于职守。在任监察御史时，曾两次上书皇帝，建议地方官员要经常"巡历乡村，化导士庶，体察舆情"，并要求官员本身应"崇简去奢，以培民气；严禁赌博，以靖民风"。这些建议均为皇帝所采纳。更可贵的是，申启贤目睹当时朝野吸食鸦片成风，沿海各省出洋贩运，内地州县烟馆遍地，白银外流，财政困难，深感痛心。嘉庆十八年（公元1813年），他拟就《禁鸦片法》奏呈皇上，提出禁止鸦片四条措施：（1）力禁出洋买运，以塞来源；（2）重惩官吏吸食，以示准则；（3）严禁开设烟馆，堵塞煽诱；（4）严加贩卖罪责，勿使流传。经皇帝谕准后，讯即晓谕各州县贯彻执行。申启贤的《禁鸦片法》比林则徐道光十八年（1838）提出禁烟主张早25年，为后来的禁烟运动开了先河，被后人誉为"禁烟先驱"。

道光元年（1821），申启贤任顺天府尹，武清县发生严重蝗灾，申启贤亲自深入田间地头，体察灾情，并为捕蝗拟定了四条规定。其主要内容是：对生蝻地段，要求官府雇人按垄驱赶，并肩徐进，将虫蝻围歼于水缸中或壕沟内；对于飞蝗，则要求于田边燃柴，驱之使扑火自焚，或趁雨天蝗翅淋湿时，用高价收买蝗虫，以动员男女老少踊跃捕捉。此法推行三年，武清一带的虫灾得以控制。道光五年（1825），申启贤调任仓场侍郎（驻通州，今北京通县，负责漕粮收贮。其所属有坐粮厅及各仓监督）。当时因运河水浅，南粮北运至津发生困难，皇上命申启贤奏议。申启贤拟订了改行海运的官商协作办法 11 条，在运、转、查、验、折耗、付酬等方面，条条明确周到，措施具体妥善，因而起运便捷，卓有成效，受到皇上"褒嘉"。

道光十二年（1832），申启贤调任户部右侍郎，旋即偕同顺天府尹徐镛拟订了《保甲章程》四条。重点是"清户口以便稽查，严比伍以核奸慝，散册薄以免滋扰，省繁文以杜需索"。这些措施，既加强治安管理，又限制胥吏勒索，有利于巩固清王朝的统治。皇上认为章程条款"均属周妥"，遂下令各地方官要"认清稽查，实力奉行"。

清代，各州县均设有常平仓，贮粮备荒，平粜米谷。原属惠民措施之一，但行之既久，流弊滋蔓。申启贤针对时弊，筹议《平粜章程》六条：（1）场地宜城外分设；（2）禁米谷搀上土和糠；（3）粜价严禁私增；（4）升斗宜校准；（5）禁囤户冒买；（6）严禁胥吏勒索。经批准后施行。各地不仅革除了种种弊端，连贮额不足挪移银、谷的州县官员也受到了惩处。

申启贤不但自己为官清正，勤政恤民，对家人更是要求严格，绝不允许家人仗势欺人。据传，申启贤老家与另一李姓人家中间隔一小胡同，有一次两家因地界发生纠纷，其弟派人持信进京求哥帮助。申启贤看信后，当即回信一封："千里驰书只为墙，让他三尺又何妨？万里长城今尤在，不见当年秦始皇。"

其弟看信后，深感惭愧，遂拆墙退后三尺重建。其邻见状深受感动，亦拆墙退后三尺重建。原先狭小的胡同遂变成一条宽敞的大路。为弘扬这种礼让之风，当时的延津知县将这条胡同命名为"仁义胡同"。多少年过去了，当年申李两家的高墙亦不复存在，"仁义胡同"的美名却代代相传。

（三）历史评价

申启贤为官清正，勤政恤民，还是"禁烟先驱"。

申涵光

（一）生平简介

申涵光（1618—1677），字孚孟，一字和孟，号凫盟，凫明、聪山等。男，直隶永年（今河北永年县）人，一作河北广平人。明末清初文学家，河朔诗派领袖人物。明太仆寺丞申佳胤长子。少年时即以诗名闻河朔间，与殷岳、张盖合称畿南三才子。清顺治中恩贡生，绝意仕进，累荐不就。其诗以杜甫为宗，兼采众家之长。著有《聪山集》《荆园小语》等书。

（二）主要事迹

1. 人物小传

申涵光的父亲申佳胤是明末崇祯四年进士，曾任明朝吏部文选主事，后迁升太仆寺丞，阅马京畿。李自成攻破北京城后，崇祯皇帝吊死，申佳胤亦自杀殉国。申涵光在王恭厂父亲死难处做完最后一次祭奠后，挥泪离别京城，回到了他的故乡，承担起奉养老母、教诲两个年幼兄弟的重担。

申涵光以长子的身份，支撑着全家，明末甲申之变和父亲的死，始终在他的心里留着深深的烙印。在星疏月朗的夜色中，他常常孑然而立，仰望无穷的天际。一个明末重臣的儿子，又怎能忘记父亲殉明而殁的往事呢？东屋的窗棂，透着不灭的烛光，两位已长大的弟弟在埋头读书。他们那时还年幼，对于明朝的印象是淡薄的。申涵光很爱他的弟弟，他尽管不肯踏入仕途，却不愿弟弟们也像自己一样终老于乡。十几年来他尽心抚养培育他们，在家乡也早已传为佳话。二弟涵盼聪慧过人，大弟涵煜也十分勤奋，涵光盼着他们早日成材。公元1660年，申涵盼高中进士，授翰林院检讨，充国史馆纂修官。第二年康熙继承皇位，遇朝廷大典，申涵光也被直隶学政选中，上报为恩科贡生。这一年，申涵光四十三岁，但他却立志不仕。不久他的弟弟涵盼也称病归家，致力于经史和收集整理地方文献。大弟涵煜直到公元1666年方举于乡。在哥哥的影响下，他也不再醉心科举，整日与涵光一起唱和应酬，纵情于诗酒，掩饰着日益渐深的复杂心情。

申涵光自幼喜爱读书，又受到父亲的熏陶，他的诗文在家乡一带很有名气。在北京期间，他还与许多文人墨客有过来往，是一位众口称赞的才子。他常与同乡张盖、郭挺、鸡泽殷岳、曲周刘逢元、邯郸赵湛等人相唱和，人称广平六才子，而申涵光实际是其中的领袖人物。申涵光又与张盖、殷岳并称畿南三才子，以气节文章并雄于河朔间，后人认为他们是后来形成的畿辅诗派的奠基者。

清朝统一后，申涵光和他的几位志同道合的朋友，时而纵酒狂欢，时而痛哭高歌，表现出落拓不羁的性格，一副与世无争的样子，然而他们的诗文的字里行间隐露出对清王朝异族统治的不满。这在当时的士人之中也是一股普遍的思潮。然而，满族统治者对中原人们的反抗情绪也时刻抱有戒心。反清复明的前景是那么的黯淡，文字狱屡兴不止，他们的心思也只能深深地埋藏在心底，把"尊先王之道，守时王之法"做为自己的处世哲学。

公元1656年，申涵光与鸡泽殷岳一起慕名拜访孙奇逢于苏门山（在河南辉县西北）。孙奇逢是明清之际的大学者，曾与黄宗羲、李颙并称海内三大名儒。据说清朝廷曾先后十一次征请他出山做官，他全不为所动。他在明末避乱入易州（今河北易县）无公山，晚年移居苏门山。苏门山曾是晋朝人阮籍、宋朝人邵雍、元朝人姚枢等名人隐居的地方。孙奇逢隐居于苏门的夏峰，自号夏峰先生，埋头于理学。申涵光等以弟子礼拜见，孙奇逢对这位河朔才子和明末忠臣之后也十分喜爱，二人通宵彻夜，抵掌而谈，毫无倦容。这次拜会无疑是申涵光人生中的一个转折，从此他更加把注意力放在理学哲学上，不再为诗。孙奇逢的"慎独为宗，以体认天理为要，以日用伦常为实际"的哲学思想也深深影响了他。在申涵光丰富的著述里。人们可以了解到他在晚年的思想变化。

申涵光五十九岁那年卒于永年县广府。他的一生是坎坷的，在明、清交替的时代，他的经历和思想，折射着特殊时期知识分子的光熠。在清朝所修的《畿辅通志》中，永年县申氏祖孙三代一门四人都有重要地位。

2. 名言选录

处怨易，处恩难。

渔利者害多，务名者毁至。

自谦则人愈服，自夸则人必疑。

好学则老而不衰，可免好得之患。

无事如有事时警惕，有事如无事时镇定。

借书中有伪字，随以别纸记出，置本条下。

只常常看得自己有不是处，学问便有进无退。

每读一书，且将他书藏过；读毕再换，其心始专。

弈棋与胜己者对，则日进；与不如己者对，则日退。取友之道亦然。

读书有不解处，标出以问知者；慎勿轻自改窜，银根之误，遗笑千古。

人生不论贵贱，一日有一日合作之事，若饱食暖衣，无所事事，哪得有结果。

怒时光景难看，一发遂不可制，既过思之，殊亦不必，故制怒者当涵养于未怒之先。

常常看得自己有不是处，学问便有进无退。老来益当奋志，志为气之帅，有志则气不衰，故不觉其老。

从古无不读书之圣贤，自心学之说行，而六经可废矣；从古无不读书之诗人，自竟陵之派盛，而空肠寡腹者，人人坛坫自命矣。

经为经，史为纬。经如医论，史如医案。论以明病之源，案以验药之效。儒者必贯串经史，方为有用之书，其余他书皆可缓也。

经书所载，皆古人亲身经历之事，留示后人；如前人行过的路程，向人一一指点，免得东求西问。若一概不省，任意自行，未有不错者。纵使寻着正路，亦大费力。

3. 诗作选录

【遣兴】

岂敢名高尚，山园已定居。数椽风雨外，万事死生余。

避地寻丹诀，传家有素书。天寒松酒熟，日日溷樵渔。

【谒张尚书湛虚先生】

结茅飞鸟上，秋色满悬壶。白发增幽事，黄冠屈壮图。

琴樽山月好，风雨老臣孤。莫讶披云至，浮名此地无。

【岁晏】

亭亭西山云，万仞青芙蓉。下临不测渊，上有太古松。

松顶巢黄鹤，渊中藏蛟龙。蹑屐披云根，乱石翳蓊茸。

隔溪三五人，濯足吟疏风。白发好容颜，无乃商山翁。

汉庭亦已出，书币凋淳蒙。真隐自草木，岂贪世上功。

落日凌紫烟，挥手吾焉从。

【黄花谷】

竹杖寻源入上方，满山槲叶晚苍苍。乱碑零落游人少，一道飞泉下夕阳。

【泛舟明湖】

女墙倒影下寒空，树杪飞桥渡远虹。历下人家十万户，秋来俱在雁声中。

（三）历史评价

1. 历代评价

河北柏乡魏裔介在《申涵光传》中说：“少而颖异，博涉经史，下笔为文章，高洁宕逸，超出寻常蹊径外。”

山东新城王士祯在《渔洋诗话》中说：“申凫盟涵光诗称广平，开河朔诗派。其友鸡泽殷岳伯岩、永年张盖覆与、曲周刘逢源津逮、邯郸赵湛秋水，皆逸民也。"

江苏吴县邓汉仪在《聪山集序》中说："今天下之诗，莫盛于河朔，而凫盟以布衣为之长，其所交如殷子伯岩、张子覆舆、刘子津逮，皆负卓荦之才，堪与古人相上下。"

《清史稿·文苑一》记载："日与殷岳及同里张盖相往来酬和，人号为广平三君。……涵光为诗，吞吐众流，纳之炉冶。一以少陵为宗，而出入於高、岑、王、孟诸家。……尚书王士禛称涵光开河朔诗派。学士熊伯龙谓今世诗人吾甘为之下者，凫盟一人而已。"

湖南平江李元度在《清先正事略选》中说："凫盟少以诗名河朔间，与殷岳、张盖称畿南三才子。"

另外，永年申涵光、遵化周体观、莱阳宋琬、长垣邰焕元、邓州彭而述、益都赵进美、阳武赵宾俱负诗名，有江北七才子之称。

2. 历史评价

申涵光是明末清初文学家，河朔诗派领袖人物。

申涵煜

（一）生平简介

申涵煜（1628—1694），字观仲，号鹤盟，男，直隶广平府永年县（今属河北省邯郸市）人。申涵光之弟。清朝书法家、诗人、文学家。

（二）主要事迹

申涵煜好读史，论古今盛衰、政治、理乱、得失如指诸掌。

择其中忠孝节义有裨世教者，萃为一书，曰《通鉴评语》；又采古人嘉言懿训，撮而记之，曰《省心短语》，以为淑身涉世之方。尝举唐人"无以嗜欲杀身，无以财货杀子孙，无以政事杀民，无以学术杀天下后世"之语铭之座右。

一再至京师，魏裔介谓其诗为涵光劲敌，王士祯谓学于兄而名亚之。书法东晋王献之，写兰竹仿南宋赵孟坚，盖高洁士也。著有《江航草》《敏菴集》。

（三）历史评价

申涵煜是清朝书法家、诗人、文学家。

申涵盼

（一）生平简介

申涵盼（1638—1684），字随叔，号鸥盟，又号定舫，直隶永年（今河北省永年县）人，明太仆寺丞申佳胤之子，申涵光、申涵煜之弟。

（二）主要事迹

1. 生平小传

申涵盼少年时期从其兄长申涵光学习。申涵光主文坛于河朔间，所游者皆一时名士，申涵盼力与追逐，殷岳、刘逢源诸子视为畏友。

顺治十八年（1661）中进士，改庶吉士，授检讨，预修两朝实录，删繁补阙，钩纂之力居多。实录成，学士喇沙礼独举涵盼名以对。

上方向用，遽引疾归。与其兄聚首衡门，啸歌酬答。宋琬称其言近而旨远，论严而语隽，乃其破万卷而为之者，不独音节之妙，琅琅作金石声也。著有《忠裕堂集》。

父申佳胤在甲申之变中死节，申涵煜、申涵盼都是在长兄申涵光的亲自教导下成长起来的。申涵煜、申涵盼辑有《申凫盟先生年谱略》。

2. 诗作选录

【平干八景·聪山】

太行山势如飞虹，影落平山望不穷。每到春晴岚气满，数峰隐见夕阳中。

【平干八景·滏水】

四郭苍茫水气屯，环堤烟柳没沙村。午桥一望春当暮，两岸翻车载月喧。

【平干八景·毛冢】

老树云封古碣平，铜盘歃血气如生。平原夜月烟萝满，风雨时闻一剑鸣。

【平干八景·莲亭】

芙蓉出水水盈盈，十里香气抱锦城。亭在孤汀人不见，登楼一片夕霞明。

（三）历史评价

申涵盼是河朔诗派的主要人物。

申朝纪

（一）生平简介

申朝纪（？—1658），汉军镶蓝旗人，初籍辽东。清初官吏。官至山西总督。

（二）主要事迹

申朝纪在顺治元年，授河南河北道，驻怀庆，李自成之党二万余来犯，朝纪登陴守御，昼夜不少懈，有渠乘白马薄壕，麾众攻城，朝纪举炮殪之，贼悉惊窜。二年，迁江南布政使，擢山西巡抚。三年，疏言："驿递累民，始自明季，计粮养马，按亩役夫。臣禁革驿递滥应、里甲私派。请饬勒石各驿，永远遵守，俾毋蹈前辙。"又疏言："各省驿站银旧额十五万有奇，明季裁充兵饷。驿费不足，辄私派於民。请敕部复原额。"又疏言："赋役全书应裁、应留诸项，请覈实详酌，俾有司不得私征滥派。"疏并下部议行。四年，阳城民王希尧、贾国昌等以邪教倡乱，朝纪遣中军都司白璧同冀南道武延祚率兵捕治，悉诛希尧、国昌等。汾州营卒李本清、任自兴等据永宁铜柱寨为乱，朝纪赴汾州，遣冀宁道王昌龄等率兵捕治，获本清等，焚其寨。宁乡民杨春畅等复以左道据冷泉寨为乱，朝纪遣平阳副将范承宗等讨平之，擢宣大山西总督。五年，卒。

（三）历史评价

申朝纪在清初社会建设中做出了突出的贡献。

二　申氏家族的状元进士谱

科举制度在古代中国推行了一千三百来年，在这么长的历史时期里，申氏家族的子孙们积极参加科举考试，取得了辉煌的成绩，先后考取状元1人，考取进士至少45人。

（一）申氏历代状元人物谱

申氏历代的状元有多少？根据1998年出版的《中国历代状

元传略》的统计，只有明代的申时行 1 人，已见前传。

（二）申氏历代进士人物谱

申氏历代的进士有多少呢？根据 1999 年出版的《中国历代人名大词典》《二十四史纪传人物索引》《二十五史纪传人物索引》《万姓统谱》等文献进行统计，申氏历代进士一共 14 人，其中唐朝 1 人，北宋 1 人，明朝 10 人，清朝 2 人。而在《明清进士题名碑录索引》里共记载申氏在这两个朝代的进士有 39 人，除去重复计算的，明朝进士至少有 26 人，清朝进士至少有 17 人。那么，申氏历代进士应该是 45 人，其中唐朝 1 人，北宋 1 人，明朝 26 人，清朝 17 人。

1. 唐朝进士申堂构

申堂构，唐朝诗人。已见前传。

2. 北宋进士申积中

已见前传。

3. 明朝进士有 25 人

申佐，已见前传。

申佑（或作申祐），已见前传。

申纶（1470—1538），字延言，号南滨。明朝广平府永年人。弘治十八年第 3 甲第 131 名进士，官至四川、云南按察副使。

申旛，字仪卿。已见前传。

申盘，字靖之。明朝诸城人。生卒无考。弘治年间进士，官至河南金事。具体事迹无考。

申应聘，已见前传。

申用懋，已见前传。

申绍芳，已见前传。

申佳胤，已见前传。

申为宪，已见前传。

申理，陕西镇原人，明正德六年第 3 甲第 170 名进士。具体事迹无考。

申安，河南祥符人，明天顺八年第 3 甲第 48 名进士。具体事迹无考。

申价，直隶永年人，明嘉靖二十三年第 3 甲第 4 名进士。具体事迹无考。

申仲，直隶任丘人（山西屯留），明嘉靖二十三年第 3 甲第 205 名进士。具体事迹无考。

申维岱，直隶遵化卫人，明嘉靖四十四年第 3 甲第 213 名进士。具体事迹无考。

申磐，山西潞城人，明成化二十年第 3 甲第 176 名进士。具体事迹无考。

申弘讓，河南延津，明万历四十一年第 2 甲第 13 名进士。具体事迹无考。

申绍芳，直隶长洲人，明万历四十四年第 3 甲第 207 名进士。具体事迹无考。

申惠，直隶吴江人，明正德三年第 3 甲第 173 名进士。具体事迹无考。

申思科，河南洧川人，明隆庆五年第 3 甲第 214 名进士。具体事迹无考。

申思夒，直隶吴江人，明嘉靖二十三年第 3 甲第 65 名进士。具体事迹无考。

申田，直隶灵寿人，明万历十七年第 3 甲第 200 名进士。具体事迹无考。

申用休，山西乐平人，明嘉靖十一年第 3 甲第 129 名进士。具体事迹无考。

申嘉言，山西洪洞人，明天启五年第 3 甲第 142 名进士。具体事迹无考。

申芝芳，直隶嘉定人，明崇祯四年第 3 甲第 170 名进士。具体事迹无考。

申翀，湖广祁阳（河南固始）人，明崇祯十五年特科 87 名进士。具体事迹无考。

4. 清朝进士有 18 人

申启贤，已见前传。

申涵盼，已见前传。

申弘谟，山西长治人，清顺治十八年第 3 甲第 177 名进士。具体事迹无考。

申玮，江南吴县人，清康熙四十八年第 2 甲第 9 名进士。具体事迹无考。

申瑶，山西壶阴人，清乾隆五十四年第 2 甲第 30 名进士。具体事迹无考。

申允恭，河南延津人，清乾隆四十年第 3 甲第 93 名进士。具体事迹无考。

申绂祚，江南长洲人，清顺治十二年第 3 甲第 23 名进士。具体事迹无考。

申宁吉，陕西三原人，清乾隆三十一年第 3 甲第 50 名进士。具体事迹无考。

申逢吉，河南林县人，清道光二十五年第 3 甲第 24 名进士。具体事迹无考。

申启镳，湖南祁阳人，清嘉庆七年第 3 甲第 54 名进士。具体事迹无考。

申士秀，山东历城人，清乾隆二十八年第 3 甲第 71 名进士。具体事迹无考。

申茂，湖广沔阳州人，清雍正元年第 3 甲第 48 名进士。具体事迹无考。

申旭，陕西临潼人，清康熙六年第 3 甲第 62 名进士。具体事迹无考。

申朝祯（又名陈朝祯），江南吴县人，清康熙五十二年第 3 甲第 129 名进士。具体事迹无考。

申企中，山西凤台人，清嘉庆元年第 3 甲第 59 名进士。具体事迹无考。

申锡，河南河内人，清顺治十六年第 3 甲第 220 名进士。具体事迹无考。

申尚毅，贵州婺川人。清光绪二年第 2 甲第 80 名进士。具体事迹无考。

第 七 章

申氏家族的文化传统

一　申氏家族的主要郡望、主要堂号

（一）郡望

申氏家族的主要郡望有"魏郡""琅琊郡""丹阳郡"等

魏郡：汉高帝初置。相当于今河北省魏县、河南省浚县、山东省冠县之间。

琅琊郡：秦统一六国，境内设琅琊郡，并附置琅琊县，治所均在琅琊（今夏河城），县域属琅琊县。汉承秦制，并增琅琊国、柜县和祝兹侯国治于境内；晋省琅琊，隋复置琅琊县；唐代又裁，境地归胶州、诸城，此后废置千余年。

丹阳郡：汉置丹阳（杨）郡，治宛陵（今安徽宣城），三国吴移治建业（今南京），隋灭陈后废。炀帝又以蒋州（今南京）为丹阳郡。

（二）堂号

申姓的主要堂号有："琅琊堂""法家堂""赐闲堂""忠裕堂""鲁思堂""忠孝堂""赐闲堂""魏郡堂""旧家堂""法家堂""中裕堂""式南堂""保世堂"等。

二　申姓宗祠通用对联

【申姓宗祠四言通用联】

姓启申国；
望出琅玡。
　　——佚名撰申姓宗祠通用联

全联典指申姓的源流和郡望。

文武是宪；黄老为宗。
　　——佚名撰申姓宗祠通用联

上联典指西周宣王舅父申伯，为贤卿士，在谢地筑城，大臣尹吉甫作《崧高》诗赠他，有句："王之元舅，文武是宪（效法周文王、周武王）。"下联典指战国时思想家申不害，郑国京地人，法家学派主要代表之一。韩昭侯时，任相十五年，使韩"国治兵强"。其学本于黄老（黄帝、老子的道家）而主刑名，即主张循名责实，慎赏明罚，加强君主专制。著有《申子》六篇。

安邦伟业；
戡乱宏才。
　　——佚名撰申姓宗祠通用联

上联典指春秋时楚国贵族申包胥，与伍子胥为知交。伍子胥将要逃奔吴国时对他说："我一定要颠覆楚国！"他说："你能颠覆楚国，我一定能让它复兴！"后来，吴国用伍子胥计攻楚国，申包胥到秦国求救，在宫廷痛哭七昼夜，水米不入口，终于使秦国发兵救楚。楚昭王返国赏功时，他逃避而不领受。下联典指十六国时前秦奄地人申香，身材高大，多力善射，苻坚曾任他为拂盖郎。

　　状元宰相；
　　耆硕神仙。
　　　　——佚名撰申姓宗祠通用联

上联典指明代长洲人申时行，字汝默，嘉靖年间状元，官修撰、吏部右侍郎，因文字受侍学士领翰林院事张居正赏识，被荐为左侍郎兼东阁大学士（宰相），后任吏部尚书、建极殿大学士。下联典指唐代洛阳人申秦芝，相传其母吞芝而孕，与玄宗同日生。隐居邵阳山修炼，玄宗梦中见他，命人画出图像去找。后来白日升仙。

[申姓宗祠五言通用联]

　　霜添柏树冷；
　　气指桂林寒。
　　　　——唐·申堂构撰申姓宗祠通用联

此联为唐代武进尉申堂栒诗句联。申堂栒，丹徒人。

[申姓宗祠七言通用联]

茅束悲歌于申后；
蒲轮见迎于培公。
——佚名撰申姓宗祠通用联

上联典指周幽王废申后，后作告哀诗，有"白华菅兮，白茅束兮"之句。下联典指汉武帝尝以蒲轮迎申培公入都。

[申姓宗祠七言以上通用联]

真理学从五伦做起；
大文章自六经分来。
——清·申涵光撰申姓宗祠通用联

此联为清代顺治中恩贡生申涵光自题联。

忠孝克全，名标青史；
贞节不朽，诗载召南。
——佚名撰申姓宗祠通用联

上联典指春秋时楚国人申鸣，以孝闻名，惠王时官左司马。大夫白公胜起兵反叛，劫持了申鸣的父亲，申鸣说："还不能为忠臣吗?"于是，随叶公打败白公胜，父亲也被害。楚王赏他时，他说:"食禄避难，我不算忠臣;为国丧父，我不算孝子。名不能两全!"自刎而死。下联典指周代女子申女，许嫁后，因夫家轻礼违制，坚决不出嫁，守节持义，后被告而入狱，也不屈服。后作《行露》诗以表达心志，收入《诗经·召南》。有句:"虽速我讼（致我入狱），亦不女从（也绝不顺从你)!"

> 通学得传，洵圣门贤哲;
> 文武是宪，实周家翰蕃。
> ——佚名撰申姓宗祠通用联

上联典指春秋时孔子的弟子申枨。孔子尝言:"吾未见刚者，或以申枨对。"下联典指周代贤卿士申伯。为宣王的母舅。

> 室书四知，黎庶扳辕共挽;
> 年登八表，天子加璧相迎。
> ——佚名撰申姓宗祠通用联

上联典指南北朝时北周魏郡人申徽，字世仪，历官大行台郎中、河西大使、都官尚书、右仆射、襄州刺史等。为政谨慎廉洁，曾画东汉名臣杨震像，并书其"四知"（参见杨氏联），一并悬挂于寝室，用来自戒。从襄州离任时，吏民扳辕相送数十里。下联典指西汉鲁郡人申培公，今文诗学"鲁诗学"的开创者。少年时，跟从齐人浮丘伯学《诗》，文帝时立为博士，传授"鲁诗"，后归家，从各地来跟他学习的弟子千余人。武帝时，他已八十多岁，武帝派人安车蒲轮（在车轮上裹蒲，以减少震动），束帛加璧（带上帛和璧），请他入都，拜太中大夫。

三　申姓家谱文献

《河北平山申氏世谱》，著者待考，明朝年间木刻活字印本，有残缺。现被收藏在中国国家图书馆。

《江苏苏州申氏世谱》，（清）申理等纂，清乾隆四十五年（1780）赐闲堂木刻活字印本，今仅存第二至十卷。现被收藏在江苏省苏州市博物馆。

《湖南邵阳申氏宗族再续族谱》，著者待考，清嘉庆二十年（1815）木刻活字印本，今仅存卷首。现被收藏在湖南省图书馆。

《江苏苏州申氏续修世谱》八卷，首一卷，（清）申祖璠修，清道光二十一年（1841）赐闲堂木刻活字印本。现被收藏在吉林大学图书馆、江苏省苏州市踏歌、江苏省苏州市博物馆。

《江苏申氏世谱》八卷，（清）申王番等纂修，清道光辛丑年（1841）赐闲堂木刻活字印本六册。现被收藏在中国家谱网站档案馆。

《江苏申氏谱系略》，著者待考，清同治三年（1864）赐闲堂木刻活字印本一册。现被收藏在中国家谱网站档案馆。

《江苏申氏谱系略》，附条规一册，著者待考，清同治三年（1864）赐闲堂木刻活字印本一册。现被收藏在中国家谱网站档案馆。

《江苏苏州申氏谱系略》，（清）申潘等纂修，清同治十年

（1871）赐闲堂稿本。现被收藏在复旦大学图书馆、中国国家图书馆（有两部）、中国社会科学院历史研究所图书馆。

《湖南邵阳申氏宗族三续谱》，首一卷，著者待考，清宣统元年（1909）木刻活字印本，今仅存卷首。现被收藏在湖南省图书馆。

《江苏苏州申氏世谱》十卷，首一卷，著者待考，清朝年间木刻活字印本。注：始祖为［元］申敏三，先祖为申处士、申保御。

《浙江金华仙源申氏宗谱》二十六卷，行传十四卷，（民国）申绍周总理，民国十七年（1928）木刻活字印本。注：始迁祖为［后晋］申寒。

《湖南祁阳申氏八修族谱》，（民国）申蕙主修，民国二十年（1931）木刻活字印本。注：始迁祖为［明］申智照。

《江苏苏州申氏乙酉修谱外记》八卷，（民国）申听禅撰，民国三十四年（1945）木刻活字印本。

《山东济宁唐口申氏族谱》，著者待考，民国年间手写本复印件。现被收藏在中国异侠网站传记部。

《云南镇雄、毕节申氏宗谱》不分卷，（现代）申时誉主编，1997年铅印本。注：始迁祖为［明］申召禄、申凤。

《四川资阳申氏族谱》，著者待考，1999计算机激光照排胶印本。公开出版。

《重庆璧山县申氏宗族家谱》，（现代）申永康主编，2000年油印本。注：始迁祖为［清］申朝仲。

《湖南邵东新编申氏族谱》，著者待考，2005年计算机激光照排胶印本。公开出版。

祖训

立人品，敬亲长，睦族党，慎交游，忌轻薄，戒淫博，守耕读，务勤俭。

四　申氏家族礼仪

本申氏家族礼仪是从 1995 年魏阳郡《邵阳申氏创修通谱》中摘录下来的。这些礼仪包括成主仪节、猪羊祭仪节和普通祭礼三部分。

（一）成主仪节

肃静　序立　鸣金　伐鼓　奏大乐　奏小乐（凡三）合乐　合乐正更小乐　孝子执杖就位　诣盥洗所　卧杖　盥洗　授巾　盥毕　执杖复位　击磬　揖　跪　卧杖　稽颡（凡三）执杖　起立　诣香案前　跪　卧杖　醉酒　初上香　亚上香　三上香　献楮　献帛　俯伏　执杖起立　复位　诣神座前行请主礼　跪　卧杖　俯伏　乐止　读请主文（文附后）小乐起　执杖起立　执事者捧主授孝子　孝子接主诣西序　鼓乐导从合乐止　更小乐　执事者受主安西序　孝子诣更衣所　脱衰服　更吉服　复西序　跪　初上香　亚上香　三上香　献果品　稽颡（凡三）起立　执事者捧主授孝子诣题主所　执事者受主置公案　跪　出主　析主　跪主　孝子刺指血　执事者捧笔授孝子　濡血　薰笔　哈笔　乐止　祝笔（词附后）小乐起　题内主　题外主　笔后发　执事者研墨　捧笔授孝子　濡墨　薰笔　哈笔　乐止　祝笔（词附后）小乐起　题内主　题外主　笔后发　执事者合主　竖立　乐止　读祝主文（文附后）小乐起　执事者捧主授孝子　孝子受主诣东序　执事者受主安东序　孝子诣更衣所　脱吉服　更衰服　执杖复东序　跪　卧杖　初上香　亚

上香 三上香 献果品 稽颡（凡三）执杖起立 孝子旁跪 卧杖 众宾贺主 鸣炮 合乐 合乐止 更小乐 执杖起立 复位 执事者捧主授孝子 孝子受主诣神座 执事者接主安神座 跪 卧杖 献果品（凡三）点茗 献巾 俯伏 乐止 读安主文（文附后）小乐起 执杖起立 复初位 跪 卧杖 稽颡（凡三）执杖起立 焚祝 焚楮 礼成退位 孝子叩谢 鸣炮 八音合奏

请主文

痛维我某 神尚栖庭 楮灵就化 栗主告成 剖肝沥血 绘像传真 精神贯注 气脉流行 灵爽不昧 式依式凭 佑启我后 百世昌荣

祝血笔词

以子之血 点亲之灵 精神贯注 佑启后人

祝墨笔词

香凝龙剂 银管花生 恭题木主 世代昌荣

祝祝词

赫赫厥声 濯濯厥灵 绵绵瓜瓞 蛰蛰子孙

安主文

精巳填兮 神巳依主 仪既成兮 神情栩栩 春兰秋菊 长无绝兮 终古

（二）猪羊祭仪节

肃静 序立 声炮 鸣金 伐鼓 奏大乐 大乐止 奏小乐 小乐止 八音合奏 合乐止 起奏小乐 孝子执杖匍匐出丧次 就位 诣盥洗所 卧杖 盥洗 授巾 盥毕 执杖复位 击磬 揖 跪 稽颡（凡四）执杖起立 诣香案前 执事者捧烛诣豚牲所 省豚牲 省毕复位 执事者捧烛诣柔牲所 省柔牲 省毕复位 卧杖 醑酒 倾入茅沙 初上香 亚上香 三上香 献楮 献白 俯伏 执杖起立 复初位 小乐止

鸣金一次 伐鼓一通 大乐一奏 小乐一奏 八音合奏 合乐止 起奏小乐 跪 卧杖 稽颡（凡四）执杖起立 诣神位前行初献礼 跪 卧杖 祭酒 奠酒 献箸 献豚 献海珍 俯伏 执杖起立 诣读文位 跪小乐止 读文（按各地习惯有在一献礼以前 香案前读文者 可随机应变）复位 鸣金二次 伐鼓二通 大乐二奏 小乐二奏 八音合奏 合乐止 起奏小乐 跪 卧杖 稽颡（凡四）执杖起立 诣神位前行亚献礼 跪 卧杖 亚奠酒 献箸 献禽 献海珍 俯伏 执杖起立 复位 鸣金三次 伐鼓三通 大乐三奏 小乐三奏 小乐止 八音合奏 合乐止 起奏小乐 跪 卧杖 稽颡（凡四）执杖起立 诣神位前行三献礼 跪 卧杖 三奠酒 三献箸 三献鳞 三献海珍 俯伏 执杖起立 复位 鞠躬 诣神位前行侑食礼 跪 卧杖 加斟 侑食 献羹 献食 俯伏 执杖起立 复位 鞠躬 诣神位前行点茗礼 跪 点茗 献巾 俯伏 执杖起立 复位 鸣金 伐鼓 奏大乐 奏小乐 小乐止 八音合奏 合乐止 起奏小乐 跪 卧杖 稽颡（凡四）执杖起立 揖 辞神 再揖 礼成告退 撤馔 焚祝 焚楮 声炮 八音合奏

（三）普通祭礼

肃静 执事者序立 声炮 主祭者就位 鸣金 伐鼓 奏大乐 大乐止 奏小乐 八音合奏 乐止 起奏小乐 诣盥洗所 授巾 盥毕 复位 击磬 鞠躬 跪 拜兴（凡三）平身 诣香案前 跪 醉酒 倾入茅沙 初上香 亚上香 三上香 献楮 俯伏 兴平身 复位 跪 拜兴（凡三）平身 诣神位前行初献礼 跪 祭酒 奠酒 献箸 献馔 献海珍 俯伏 兴平身 诣读文所 跪 小乐止 读文 小乐起（按各地习惯有在一献礼以前 香案前读文者 可随习惯）复位 跪 拜兴（凡三）平身 诣神位前行亚献礼 跪 亚奠酒 亚献馔 亚献海珍 俯伏 兴平身 复位 鞠躬 诣神位前行三献礼 跪 三奠酒 三献馔

三献海珍　加斝　侑食　献羹　献食　献巾　俯伏　兴平身　复位　跪　拜
兴（凡三）平身　揖　辞神再揖　孝子叩谢　礼成告退　撤馔　声炮
八音合奏

五　申姓家族字辈排行

山东淄博申氏字辈："鸣振金（银）志玉凤宝成（桂）现
永传来忠厚传才建德。"

山东梁山（东平）申氏字辈："广忠厚生……"

山东德州申氏字辈："如亭登洪永清德。"

山东聊城申氏字辈："保洪生之正大光明。"

河南安阳申氏字辈："亨通朝国士吉文尚在克有善天家庆时
开登大选万世永丰庭租德扬辉远忠继才长"。

河南信阳申氏字辈："仁义礼志信。"

河南郑州申氏字辈："文子大进金殿书如玉开元显祖宗传。"

河南新乡申氏字辈："九方玉言。"

重庆申氏一支字辈："申士坐亭用中成辅国君文兴家有道自
在学孔明。"

湖南邵阳申氏长、富房原字辈："朝试儒崇重，才载添大
贵。荣显本绍宗，兴士佐廷用。道济群生泰，治成人文光。令
德为邦望，家门永嗣芳。"

浙江温州申氏字辈："进茂日子王宗贤良。"

江苏宿迁一支申氏字辈："加佩斯文向延遵纪。"

申氏一支字辈："士必光先祖学思建性天忠孝家传永盛世作
良缘。"

山东日照申氏字辈："典永作家法继光远。"

湖南邵阳申氏各房从二十六代起统一使用"忠厚溥三湘"新字辈：乾坤舒瑞气，诞发肇周姜。经师推汉学，紘纲布晋唐。星辰焕江右，忠厚溥三湘。渊浚修明远，嘉猷浩泽长。言行树功业。诗礼昭前芳，克存亮在兹。荫余保寿康。孔叙其维念，笃睦纪彝常。茂育缵曩绪，诒谋德秉庄。聪敏勤自作，悠久令名彰。羲和辉日驭，亿兆更繁昌。

特别鸣谢

　　申翰雄　又名申鸿，男，1976 年 9 月出生于广东省四会市邓村镇新光乡光花山村一个贫苦家庭。1995 年外出打工，1997 年从事个体经营小型百货商场。随后又与多家公司合作，担任无薪业务经理，即只收提成，不属公司编制，可以自由支配工作时间。2000 年结婚，2001 年喜得贵子，取名申佰韬。寓意他能够谋略过人，有自主见地。2004 年在佛山市创办申晖五金塑料有限公司，任申晖五金塑料有限公司董事长。2009 年自建占地 2 万多平方米的现用标准厂房，年产值由 2004 年的一百多万元升至 2012 年的三千多万元。申晖五金塑料厂座落于佛山南海西樵工业园，是一家专于生产家具五金配件的企业，例如沙发脚、多功能铰类、连接器和升降器等。经过多年来长期坚持不懈的努力，申晖凭借着自身优质的产品，先进的设备，雄厚的研发实力，丰富的生产销售经验及一流的服务在市场中赢得广大好评。而今，申晖打开门户，面向世界，借着专业精湛的技术团队，相信可以提供令广大客户满意的产品。秉持着"质量第一，顾客至上"的原则，申晖将更加努力地提高自己，更好地满足每一位客户的需求。在此，申晖竭诚欢迎国内外客户共架合作的桥梁。申晖希望能成为您最好的合作伙伴！俗语说得好，"一个成功的男人的背后一定有一个成功的女人"。申翰雄的妻子名叫李小群，她秀外慧中，孝敬父母，端庄大方，知书达理，热心慈善公益事业，亲友们交口称颂其贤德。能让申翰雄都为她感到骄傲和自豪！向李小群这样的贤妻良母型的现代女性致敬！

申纪云 男，湖南邵东县水东江镇人，1954 年 7 月生，大学学历，硕士，高级教师。中共党员，现任湖南省教育厅党组成员、副厅长、省委教育工委委员，2008 年 5 月改任湖南省广播电视大学正校级督导员。

申奉澈 男，1956 年 2 月生，朝鲜族，中共党员，研究生学历，经济学硕士。现任吉林工商学院党委书记。著作有《探索—吉林就业工作实践与思考》《思索—吉林劳动关系工作实践与思考》《求索—吉林社会保障工作实践与思考》《成熟领导者基本特征》《少数民族地区经济发展战略思考》等论文，并获国家级奖项。

申建春 男，汉族，1954 年 6 月 14 日生，邵东县人。大学文化。1982 年 3 月加入中国共产党。1979 年 5 月至 1984 年 2 月，为共青团涟源（娄底）地委干部；1984 年 2 月至 1988 年 6 月，任共青团娄底地委办公室副主任、团地委委员；1988 年 6 月至 1991 年 12 月，任娄底地区监察局调研室主任；1991 年 12 月至 1993 年 6 月，任娄底地区监察局副局长、党组成员；1993 年 6 月至 1994 年 9 月，任娄底地区纪委委员、地区监察局副局长；1994 年 9 月至 1995 年 9 月，任娄底地区纪委委员，监察局副局长兼执法监察室主任；1995 年 9 月至 2001 年 9 月，任娄底地区（市）供销社党组书记；2001年9月至2009年4月，任娄底市供销社党组书记、理事会主任；2009年4月至今，一直担任娄底市委农村工作部部长，娄底市农村工作办公室主任，党组书记。2008年曾被评为全国供销系统先进工作者。

申南初 男，1942年10月出生，湖南邵东县人，大学文化。中共党员，高级工程师。1963年在二机部中南306队任实习水文找矿员。先后在焦作矿院、长春地质学院进修，1966年调邵阳地区资江煤矿筹建处，在资江煤矿先后担任矿山测量员，生产技术科科员、副科长、科长；1973年至1976年，任湘黔铁路冷水江市民兵团参谋，1981年由技术员晋升为助理工程师；1987取得工程师职称；1988年调娄底地区铁合金厂筹建指挥部任副指挥长，1989年调任娄底纺织厂副厂长、党委委员；1995年调娄底地区制药厂筹建指挥部任副指挥长；同年，调任娄底地区医药管理局副局长；1996年晋升为高级工程师，为中国煤炭学会、中国测绘学会、中国土木工程建筑学会会员、湖南省煤炭学会科普委员会委员、娄底地区第二届科协委员、娄底地区煤炭学会常务理事。2000年任娄底市食品药品监督管理局副局长、均为党组成员。1987年获我国首届职工自学成长奖；1994年被授予"娄底地区有突出贡献人才"称号，并多次出国考察；1988年和1994年其个人事迹被编入《中国职工自学成才者辞典》和《湘中英才》，1997年入选《中国当代专家传奇》（图文版第三册）。

申宏初 男，1949年11月出生，湖南省邵东县佘田镇人。年轻时曾经上山下乡到附近的农村插队，后任衡阳市冶金机械厂厂长。退休后，又自己开办工厂，发挥自己的专长和余热，为国家的建设贡献力量。同时，热心公益事业，慷慨捐助弱势群体，获得亲友们的一致好评。同时，在教育儿女方面成绩卓著，他的儿子大学就读于复旦大学，毕业后又去德国留学。

申冠林　男，1969 年 4 月 26 日出生于广东郁南县河口绿化村，现居肇庆，2010 年在鼎湖区莲花镇布基村湖布塘创办了鼎湖区联诚畜牧生态养殖场，成为肇庆市的养猪大户，年产值在七八千万以上。该养殖场还是佛山市第一批生猪定点供应基地之一。

申祺晶　男，1965 年 2 月出生于江西赣州南康潭口洋山。中学数学高级教师，中国数学会第五届初等数学研究学术交流会会员，《学习报》特约编辑、《广东教育》《高中》特约撰稿人、15 年高三数学教学经验，培养了数百名学生上重点大学，曾命中广东高考数学大题。在《数学通讯》《数学教学通讯》《中学生学习报》《广东教育》《高考数学文选》《高中》《广东招生考试》《数理化学习》《师道》《梅州校园报》《学习报》《兴宁教育》《中国实用新型专利》等杂志上发表数十篇论文，出版《高中数学经典题解》等专著。还发明了高级智力数学积木专利，创造了十二次提高二十分的数学家教模式。编著《12 次提高 20 分高中数学精典题解》，是广东新华书店重点教辅书。

申树勇　男，具体事迹不详。

申其刚　男，1976 年出生江西分宜县。现在深圳经商，身份为；政协委员。

申学明　男，1971 年 8 月出生，碧岩公 24 世孙。广西区委党校研究生学历，中共党员，籍贯广西壮族自治区梧州市蒙山县文圩镇文圩村石等组。历任共青团蒙山县委书记、新圩镇镇长、新圩镇党委书记、蒙山镇党委书记，现任中共蒙山县委常委、办公室主任。

申震林 男，汉族，1965 年 3 月出生，中共党员，本科文化程度，系广东省高要市绿步镇平水乡大板村人，现任肇庆工商职业技术学院后勤总务处副处长。

申学光 男，1975 年 3 月出生，大学文化程度。肇庆高要市人。2003 年开始从事酒类贸易，现任罗定市荣兴贸易有限公司总经理。

申学杰 男，1952 年出生，中共党员，广东省四会市人。中专文化，助师职称。曾任中国农业银行四会市支行主任，退休后任四会市申氏家族理事会常务理事。

申翰通 男，1963 年 6 月 17 日出生与四会市贞山区。现为四会市海霸农贸专业合作社理事长，村村通动植物医院四会海霸诊所技术员。四会市海霸农贸专业合作社服务范围有：大棚室内柑桔无病、无菌育苗基地；沙糖桔结果及病虫技术指导；华南农业大学果蔬科研产品推广实验基地；供应四大家鱼、罗非鱼、农家猪、山地鸡、山猪、豪猪（箭猪）；供应各种绿化树：桂花、榕树、松柏、罗汉松等；沙糖桔购销、果园直销、代客包装。其长女申粤，品学兼优。高中期间，先后获得了肇庆市三好学生、广东省三好学生、广东省宋庆龄基金奖以及多次全国物理和化学比赛肇庆市一等奖广东省三等奖等荣誉称号，2013 年 9 月考上了广东外语外贸大学。

申启五 男，广州市三欣电子有限公司董事长，兼任广州赣商会副会长，花都电子协会会员。广州市三欣电子有限公司创建于 2008 年，是一家集专业开发和生产各种音频功率放大器的企业。主打功放小机产品，附带产品包括专业功放、音箱、汽车配套功放音响、电子材料等，公司一直以来坚持力争做到世界第一小机王——开发速度最快、款式最新颖、质量最放心、产量最大、出货最快。公司旗下有：生产总厂——广州市三欣电子有限公司，配件分厂——广州市白云区诺欣电子厂，香港公司——三欣国际有限公司。公司拥有一流的技术水平，先进的机械设备，一万多平方米的厂房和一百多名职工。凭着多年的不断努力和改进，我们已经得到国内外许多客人的认可和赞许。"世界第一小机王"是我们始终不渝的目标，我们相信"世界第一小机王"谁与争锋！口号为：争做第一，超越自我。

申伟业　男，1981 年 10 月 18 日出生于广东省博罗县，现为肇庆雨纯益达医械有限公司总经理。毕业于广东省新兴中药学校中药专业，从事医药行业十余年，主营医疗器械、化妆品、食品的生产销售。

申震林　男，1965 年 3 月出生，中共党员，本科文化程度，系广东省高要市绿步镇平水乡大板村人，现任肇庆工商职业技术学院后勤总务处副处长。

申林清　男，中共党员，1953 年 9 月 30 日出生于广东省阳山县黎埠镇坑坝申屋，妻子古水英 1958 年 7 月 16 日出生于黎埠镇联坝新农村，生下五女二子，大女申秀梅毕业于广东星海音乐学院，二女申秀红毕业于广东外语外贸学院，三女申雪凌毕业于广州美术学院，四女申秀丹毕业于广州工业大学，五女莉珊毕业于广州大学华软软件学院，六子申健豪就读于广州华南农业大学，七子申斌就读于深圳福景外国语学校，现高二。申林清 8 岁父亲已病故，自幼失去父爱，母亲在困难的条件下已改嫁，从 9 岁上小学到初中毕业，由于"文化大革命"无法继续上学，12 岁志向为中华民族的崛起而读书，在勤俭当家的同时自学高中课程，16 岁参加过各工程三线建设，18 岁加入中共党员，19 岁参加中国人民解放军，在海南岛三亚市当兵，部队属广州军区守备特务连担任通讯工作，曾参加过西沙战役，在部队连续两次获得嘉奖，现属于退役人员，优抚对象。22 岁退伍回乡担任十三年村干部，改革开放后从商至今，办过羽绒制衣厂，矿山开采，出口农产品贸易等。从事榨油厂 35 年，现办塑料化工厂。

申学良 男，广西蒙山县文圩镇文圩村石等申屋组人，生于 1952 年 5 月 20 日。其祖父文锦公，祖母廖守珍。父亲申高林，母亲莫国秀。儿子申翰燊，儿媳张丽娟。孙女申振宁，孙子申振国。少年时期经历了共和国的初建时期，参加过农村劳动及启蒙教育，1956 年进入中学就学初中，1969 年就学于"文化大革命"后的第一届文圩高中，于 1971 年 7 月毕业，并于当年 10 月经招工进入蒙山县农机厂当了一名工人，于 1986 年 2 月调到蒙山县农机公司工作，成为一名管理干部担任业务经理一职。在公司工作期间先后到广西农机校进修二年，广西大学进修三年获大学专科毕业。后于 1995 年 8 月调到蒙山县农机局推广站工作担任副站长，负责当时全面工作，并于 1996 年 1 月利用当时的优惠政策成立了蒙山县城区兴发农机经营部，后经过不断的发展原经营部已经发展成广西蒙山县申鑫农机商贸有限公司至今，成为当地较有赞誉的私营企业，为亲朋戚友创造了就业机会，为社会建设和家庭建设都做出了辉煌的成就和贡献。现在儿孙满堂，幸福快乐。

申灶安　男，广东省清远市阳山县黎埠镇联坝村人。出生于 1950 年 11 月 30 日（农历），现任联坝村党支部书记、村主任。妻子江新妹，1952 年 9 月 11 日出生，生育有 1 男 3 女。长子申剑锋 1979 年，二女申翠萍 1981 年，三女申翠芬 1982 年，四女申翠红 1983 年。1959 年 9 月至 1966 年 7 月，在联坝小学读书；1966 年 9 月至 1970 年 11 月在黎埠中学读初中高中，并加入中共共产党主义青年团组织；1970 年 12 月至 1976 年 3 月，在部队服兵役，历任文书，班长职务；于 1973 年加入中国共产党。1976 年 4 月至 1993 年 10 月，在家务农。期间参加过两次党的路线教育工作队，当过三年民办教师；1993 年 11 月至今，在联坝村委会工作。1996 年 4 月起任村党支部书记；1999 年起，连续五届当选村党支书部书记，村主任职务。黎埠镇 5—10 届人大代表和主席团成员，多次被评为镇优秀共产党员；当选为阳山县十二，十三，十四届人大代表；两次被评为县优秀共产党员；两届党代表大会代表；曾在清远市党报发表过文章。

申志钊　男，1968 年 2 月出生；广东省清远市阳山县黎埠镇联坝村人。妻子古日云，长子申健泓，次女申健欣。申志钊 1994 年 7 月毕业于广东省佛山职工医学院（现佛山医学院）。毕业后即进入佛山市中医院从事临床医疗工作，师从著名骨伤科专家李汉民教授和省中医院骨伤科专家元日成主任医师，深得这两位师父真传。2003 年 7 月毅然回家乡开设个体诊所，擅长治疗各种骨伤科疾病及骨科疑难杂症，骨质增生，腰椎盘突出，风湿及类风湿症的治疗，疗效显著，得到广泛好评。

申添　男，中共党员，大专，1965 年 12 月 1 日出生于广东省阳山县黎埠镇坑坝申屋。妻子谈伟玲，汉族，文化程度，大专，1969 年 8 月 2 日出生于上海市浦东区。两个双胞胎儿子，1995 年 7 月 3 日出生于上海市。长子申利钦就读于广东工业大学华立学院，大学一年级。二儿子申利铨就读于意大利都灵大学，大学一年级。申添 1983 年 10 月应征入伍，在深圳市武警六支队通信站当兵，在部队服役期间嘉奖多次，荣立三等功一次，1987 年 11 月退役。1988 年 9 月至今，在中国电信股份有限公司深圳分公司工作。

申卫锦 男，1964 年 7 月 12 日出生于广东省清远市阳山县黎埠镇联钡大队。妻子尹超华，1969 年 2 月 27 日出生于江门市杜阮镇木朗村。女儿申颖斯，1992 年 12 月 31 日出生于江门市，现就读广东技术师范学院天河学院。申卫锦 1981 年初中毕业后就参加工作，在乐昌监狱当制茶工人。1985 年通过考试进入广东省鹤山市营顶监狱当干部。因表现突出，1989 年 10 月调入江门市劳动教养所工作。1994 年起先后担任过江门市劳动教养所中队长、指导员、教导员等职务。1998 年 10 月自动离职下海经商。1999 年在江门市开办锦发化工贸易有限公司，2001 年与马来西亚客户合作开办江门市锦发化工厂至今，目前生意蒸蒸日上，越来越好！

申东宁 女，1990 年 2 月 28 日出生于湖南省邵阳市，三岁起随父亲在南京和北京读书，1998 年来到湛江定居。自小聪明伶俐，七岁开始在报刊上发表文章，2007 年考取华南农业大学，毕业时以优异的成绩获得保送读研资格。2012 年考取暨南大学研究生，现已发表多篇学习论文。

后　记

　　申氏家族历史悠久，人才辈出，在中华民族的发展史上具有举足轻重的意义，产生了深远的影响。能够成为申氏家族的一员，本人倍感骄傲和自豪。然而，由于申氏家族在发展演变过程中，散居全国各地，家族成员之间的联系也就越来越少，相关的记载就更加的稀缺。尽管各个分支家族都有自己的家谱或族谱的更新，但对于整个家族的历史的记载与研究几乎没有。本人有幸对历史研究感兴趣，并接受了一系列从本科、研究生、博士、博士后的系统的理论学习和历史专业知识的学习，因此，本人深感责任重大，有必要把申氏家族的历史演变和杰出人物等问题进行整体的系统研究。尽管这个工作的难度很大，工作量也很大。但是，我得到了许多宗亲们的支持和鼓励。正是由于有了宗亲们的支持和鼓励，我2010年开始搜集资料至今近三年的时间，终于完成了任务，至少可以告慰列祖列宗在天之灵了。

　　在这三年的过程中，我得到了申氏宗亲们的大力支持和鼓励，特别要感谢的是在广州的申祺晶先生，他先后给我联系了广东、广西的申氏宗亲多人，并在写作的过程中给我许多的肯定和支持，甚至愿意资助部分经费用于出版。如果没有他的支持和鼓励，我真的很难完成这个任务的。另外，我还要特别感谢宗亲申奉澈汇来募捐款1千元，这是我首次向118位宗亲发出募捐信后收到了唯一的一笔捐款。尽管这笔钱无法满足出版补贴，但至少给了我莫大的鼓舞。一旦该书出版问世后，我会把第一本亲笔签名的书寄过去给他的。同时，我要特别感谢的是我的亲堂叔申宏初，他曾任衡阳市冶金机械厂厂长，现在他儿子在德国读研究生。当他得知我在编写《申氏家族史》后，全力予以支持和鼓励，并立即汇款5千元资助。这是我目前收到的最大一笔捐款，并且还不要在书中留名。他说，做厂长没有什么了不起的，教育好后代也是应尽的义务。这是多么朴实的语言，这是多么崇高的境界。我们申氏家族，正是因为有了这么多默默无闻的宗族成员们的奉献，才有今天我们申氏家族的兴旺和昌盛。后来由于种种原因，我在很短的时间内就把亲堂叔的资助款5千元汇回到了他的账户上，尽管如此，我还是感谢他对我的支持和鼓励。

另外，我还要特别感谢广东四会籍的申鸿先生，他作为佛山申晖五金塑料有限公司的董事长，在闻知《申氏家族史》需要出版补贴后，毅然决定资助一万三千元。这种慷慨捐助、乐善好施的精神值得提倡和表彰。当然，本书出资最多的还是我自己。为了出版这本书，本人出力又出钱的，真实为难自己了。还好这本书能够出版，这也算是一种安慰吧！

我要感谢湛江师范学院历史系主任于卫青博士，他对这本书的写作和出版给予了极大的鼓励和支持。

作为申氏子孙，"可以不高尚，但不能无耻；可以不伟大，但不能卑鄙；可以不聪明，但不能糊涂；可以不博学，但不能无知；可以不交友，但不能孤僻；可以不乐观，但不能厌世；可以不慷慨，但不能损人；可以不追求，但不能嫉妒；可以不进取。但不能倒退；可以不强壮，但不能羸弱"。这是网上的一段话，用于共勉。

泰鸿谨识

2013 年 3 月于广东湛江之天南重地